精准扶贫精准脱贫百村调研丛书

CASE STUDIES OF TARGETED POVERTY REDUCTION AND
ALLEVIATION IN 100 VILLAGES

李培林／主编

精准扶贫精准脱贫
百村调研·金龙坪村卷

社区治理与脱贫攻坚

吕　方／著

社会科学文献出版社
SOCIAL SCIENCES ACADEMIC PRESS (CHINA)

中国社会科学院国情调研特大项目
"精准扶贫精准脱贫百村调研"
项目协调办公室

主　任：王子豪
成　员：檀学文　刁鹏飞　闫　珺　田　甜　曲海燕

总　序

　　调查研究是党的优良传统和作风。在党中央领导下，中国社会科学院一贯秉持理论联系实际的学风，并具有开展国情调研的深厚传统。1988 年，中国社会科学院与全国社会科学界一起开展了百县市经济社会调查，并被列为"七五"和"八五"国家哲学社会科学重点课题，出版了《中国国情丛书——百县市经济社会调查》。1998 年，国情调研视野从中观走向微观，由国家社科基金批准百村经济社会调查"九五"重点项目，出版了《中国国情丛书——百村经济社会调查》。2006 年，中国社会科学院全面启动国情调研工作，先后组织实施了 1000 余项国情调研项目，与地方合作设立院级国情调研基地 12 个、所级国情调研基地 59 个。国情调研很好地践行了理论联系实际、实践是检验真理的唯一标准的马克思主义认识论和学风，为发挥中国社会科学院思想库和智囊团作用做出了重要贡献。

党的十八大以来，在全面建成小康社会目标指引下，中央提出了到2020年实现我国现行标准下农村贫困人口脱贫、贫困县全部"摘帽"、解决区域性整体贫困的脱贫攻坚目标。中国的减贫成就举世瞩目，如此宏大的脱贫目标世所罕见。到2020年实现全面精准脱贫是党的十九大提出的三大攻坚战之一，是重大的社会目标和政治任务，中国的贫困地区在此期间也将发生翻天覆地的变化，而变化的过程注定不会一帆风顺或云淡风轻。记录这个伟大的过程，总结解决这个世界性难题的经验，为完成这个攻坚战献计献策，是社会科学工作者应有的责任担当。

2016年，中国社会科学院根据中央做出的"打赢脱贫攻坚战"战略部署，决定设立"精准扶贫精准脱贫百村调研"国情调研特大项目，集中优势人力、物力，以精准扶贫为主题，集中两年时间，开展贫困村百村调研。"精准扶贫精准脱贫百村调研"是中国社会科学院国情调研重大工程，有统一的样本村选择标准和广泛的地域分布，有明确的调研目标和统一的调研进度安排。调研的104个样本村，西部、中部和东部地区的比例分别为 57%、27% 和 16%，对民族地区、边境地区、片区、深度贫困地区都有专门的考虑，有望对全国贫困村有基本的代表性，对当前中国农村贫困状况和减贫、发展状况有一个横断面式的全景展示。

在以习近平同志为核心的党中央坚强领导下，党的十八大以来的中国特色社会主义实践引导中国进入中国特色社会主义新时代，我国经济社会格局正在发生深刻变化，脱贫攻坚行动顺利推进，每年实现贫困人口脱贫 1000 多万人，贫困人口从 2012 年的 9899 万人减少到 2017 年的 3046 万人，在较短时间内实现了贫困村面貌的巨大改观。中国社会科学院组建了一百支调研团队，动员了不少于 500 名科研人员的调研队伍，付出了不少于 3000 个工作日，用脚步、笔尖和镜头记录了百余个贫困村在近年来发生的巨大变化。

根据规划，每个贫困村子课题组不仅要为总课题组提供数据，还要撰写和出版村庄调研报告，这就是呈现在读者面前的"精准扶贫精准脱贫百村调研丛书"。为了达到了解国情的基本目的，总课题组拟定了调研提纲和问卷，要求各村调研都要执行基本的"规定动作"和因村而异的"自选动作"，了解和写出每个村的特色，写出脱贫路上的风采以及荆棘！对每部报告我们都组织了专家评审，由作者根据修改意见进行修改，直到达到出版要求。我们希望，这套丛书的出版能为脱贫攻坚大业写下浓重的一笔。

中共十九大的胜利召开，确立习近平新时代中国特色社会主义思想作为各项工作的指导思想，宣告中国特色社会主义进入新时代，中央做出了社会主要矛盾转化的重大判断。从现在起到2020年，既是全面建成小康社会的决胜期，也是迈向第二个百年奋斗目标的历史交会期。在此期间，国家强调坚决打好防范化解重大风险、精准脱贫、污染防治三大攻坚战。2018年春节前夕，习近平总书记到深度贫困的四川凉山地区考察，就打好精准脱贫攻坚战提出八条要求，并通过脱贫攻坚三年行动计划加以推进。与此同时，为应对我国乡村发展不平衡不充分尤其突出的问题，国家适时启动了乡村振兴战略，要求到2020年乡村振兴取得重要进展，做好实施乡村振兴战略与打好精准脱贫攻坚战的有机衔接。通过调研，我们也发现，很多地方已经在实际工作中将脱贫攻坚与美丽乡村建设、城乡发展一体化结合在一起开展。可以预见，贫困地区的脱贫攻坚将不再只局限于贫困户脱贫，我们有充分的信心从贫困村发展看到乡村振兴的曙光和未来。

是为序！

全国人民代表大会社会建设委员会副主任委员

中国社会科学院副院长、学部委员

2018 年 10 月

前　言

党的十八大以来，以习近平同志为核心的党中央高度重视扶贫开发工作，将打赢脱贫攻坚战作为全面建成小康社会的底线目标和标志性指标，纳入"五位一体"的总体布局和"四个全面"的战略布局，动员全党全社会广泛参与，以前所未有的力度推进。几年来，脱贫攻坚取得重大决定性进展，至2020年已经步入全面决胜收官阶段，预期将高质量完成脱贫攻坚既定目标，在中华民族历史上第一次消除绝对贫困现象。

从历史的长期视角来看待脱贫攻坚，便会发现全面建成小康社会背景下的脱贫攻坚战是在新千年以来城乡工农关系深刻调整的历史背景下展开的。改革开放四十多年，中国综合国力有了明显增强，重塑城乡工农关系、消除农村绝对贫困现象、全面建成小康社会迎来了历史性的契机。税费改革以来，以"少取、多予、放活"的基本理念为支撑，国家持续加大对农业农村改革发展领域的投入，为乡村发展营造了良好的外部环境。特别是脱贫攻坚时期，各项资源投入、政策支持不断加码，政策下乡的力量带动城市工商业资本下乡，为"一揽子"补齐农业农村发展短板，特别是贫困地区发展短板提供了历史性机遇。可以说，农业农村改革发展开启新征程，压茬推进脱贫攻坚与乡村振兴必将能够解决好中国特色社会主义现代化强国建设中的统筹城乡发展问题、农业农村改革发展问题。然而，值得追问的是，如何利用好乡村振兴的政策和资源利好，确保国家乡村治理的意志能够有效贯彻？对于农村社区而言，如何抓住机遇，将良好的外部发展环境转化为实实在在的内生发展能力，以持续解决好"三农"问题？近年来，知识界为此付出了大量的智识努力，但还有诸多问题需要进一步深思和破解。依此视角观察脱贫攻坚的社区实践则会发现，精准扶贫精准脱贫攻坚战不仅是"补短板"的过程，更是探索和求解乡村振兴进程中社区治理与乡村发展之间关系的历史过程。

金龙坪村地处鄂西，是颇具典型意义的武陵山区深山贫困村。一方面，当地经济和社会基础设施非常薄弱，传统生计形态在社区经济生活中占据着主导地位，农民增收乏力；另一方面，独特的区位条件和资源禀赋为金龙坪村的脱贫出列和持续增收奠定了绝佳的基础。曾经，金龙坪村是被发展遗忘的边缘地带，这种边缘性由多重因素共同塑造，不仅包括地处偏远、投入不足，还包括"治理的边缘"，即村落基层组织弱化，凝聚力、战斗力不足，导致推动发展存在较高的交易成本。而精准扶贫时期，基层组织建设水平和社区治理能力不断提升，显著地带动了各种资源下乡，在较短的时间内改善了社区发展面貌，实现了脱贫出列的既定目标，并且积蓄了可持续发展的后劲。就此而言，金龙坪村案例不仅非常清晰直观地呈现了脱贫攻坚的社区实践，更展现出社区治理与社区发展之间的学理逻辑，为我们认识新时代农业农村改革发展提供了有效的案例和有益的启示。我们相信，这些有益的经验同样是脱贫攻坚实践带来的重要成果，社区治理在脱贫攻坚中的成长、成熟，为其迎接新时代中国特色社会主义现代化强国建设的"下一个30年"积蓄了力量。从一定意义上讲，这也构成了中国脱贫攻坚的经验，并且为国际减贫知识的发展贡献了中国智慧。

目 录

// 001　第一章　绪　论

　　/ 005　第一节　脱贫攻坚的知识逻辑

　　/ 015　第二节　社区治理与脱贫攻坚

　　/ 028　第三节　本书的结构安排

// 031　第二章　精准扶贫的村级样本：以金龙坪村为例

　　/ 034　第一节　金龙坪村村情概况与贫困成因

　　/ 052　第二节　金龙坪村精准扶贫的主要做法

　　/ 065　第三节　金龙坪村精准扶贫的主要成效

// 075　第三章　档案下乡：建档立卡的村级实践

　　/ 078　第一节　精准扶贫的"一号工程"

　　/ 084　第二节　建档立卡的村级实践

// 099　第四章　标准下乡：做好特色产业精准扶贫文章

　　/ 102　第一节　金龙坪村缘何错失发展机遇

　　/ 109　第二节　金龙坪村的产业精准扶贫

// 123　第五章　规则下乡：规范村级治理体系

／126　第一节　精准治贫的技术逻辑

／131　第二节　规范村级权力运转

// 141　第六章　结　语

／145　第一节　社区治理也是生产力

／147　第二节　乡村振兴与下一个 30 年

// 151　参考文献

// 157　后　记

第一章

绪　论

消除贫困，改善民生，逐步实现共同富裕，是社会主义的本质要求。改革开放以来，中国共产党领导下中国政府主导的开发式扶贫取得了举世瞩目的伟大成就。中国减贫事业赢得了国际社会的高度赞誉，其基本经验之一在于因应各个时期农村减贫和发展的形势与特点，以改革创新的勇气和智慧，不断破除各种体制机制障碍，不断创新工作模式，释放减贫动能，持续不断地推动国家减贫治理体系现代化水平和治理能力的提升。党的十八大以来，以习近平同志为核心的党中央高度重视扶贫开发工作，将打赢脱贫攻坚战作为全面建成小康社会的底线目标和标志性指标，纳入"五位一体"的总体布局和"四个全面"的战略布局，动员全党全社会广泛参与，尽锐出战，全力推进。从实践层面来看，脱贫攻坚战呈现一系列新特点，尤其是执政党高度重视，自上而下统筹部署以"攻坚体制"为重心的治理模式，凭借空前的政治注意力和社会动员力，调动大量政策资源，动员社会力量广泛参与，助力贫困地区、贫困社区和贫困农户实现减贫目标。

在本研究对金龙坪村村级案例的解读中，我们将精准扶贫的村级实践置于新时期国家乡村治理体系变革的时代背景下来加以考察，试图阐明精准扶贫的国家战略如何在基层展开，产生了何种效果，给乡村经济社会发展带来了怎样的改变，并尝试解析这些改变背后的制度逻辑。具体来说，我们将国家主导的，以大规模资源投放和配套改革部署为核心，同时调动城市工商业资本、金融资本广泛参与，共同推进农村减贫治理的实践，称为新时期的贫困治理。在实践层面，我们看到这一阶段国家不仅加大了对农村贫困地区的政策扶持，而且通过档案下乡、干部下乡以及规则下乡等多重手段，规范乡村基层权力运行，从而确保国家乡村治理意志得以有效贯彻，系统性改善乡村经济、社会、政治和文化生态。在接下来的讨论中，我们将从国家与农民关系以及城乡工农关系变革的历史长时段介绍新时期的乡村振兴，以及精准扶贫对于农村改革发展和贫困治理提出的新命题、新挑战，并讨论在乡村振兴的进程中，观照社区层面脱贫攻坚案例的学理价值和实践意义。最后，简要介绍本研究的基本结构和主要内容。

第一节　脱贫攻坚的知识逻辑

大致而言，进入脱贫攻坚时代，大规模政府财政投入（含专项扶贫投入、行业扶贫投入等）、金融投入、城市工商业资本投入以及土地等要素投入共同构成了脱贫攻坚的投入体系。[1] 按照精准扶贫精准脱贫的基本方略，这些投入中有相当比重需要最终落实到村、到户，从而带动贫困村和贫困农户脱贫增收，形成可持续发展的内生动能。之所以突出新时期的乡村

第一章 —— 绪论 一

---

[1]　胡富国主编《读懂中国脱贫攻坚》，外文出版社，2019。

振兴，乃是强调这一时期的政策实践既延续着新千年以来国家以"少取、多予、放活"为根本的惠农理念，通过大规模政策投入和改革措施调整国家与农民关系、城乡工农关系的历史脉络；同时，又在实践层面着力纠正既往在一些政策下乡和资本下乡项目实践中存在的精英俘获、扩大乡村社会分化等问题。同时，意图通过纠正既往的偏颇与悖论，提升政策执行的绩效，推动农村减贫与发展，构筑新型乡土秩序。在后文的讨论中，我们将会说明，为了实现上述目标，国家自上而下地部署了档案下乡、干部下乡、规范基层权力运转等改革实践，以夯实新时期的贫困治理的制度基础。这些举措是精准扶贫领域的体制机制创新，不仅为脱贫攻坚目标的实现提供了保障，也为下一个30年的乡村振兴治理体系的构建探索了道路、积累了经验。

一 开启乡村振兴新征程

2003年开始，中央连续17年出台以农村工作为内容的中央一号文件，表明了执政党坚持农业农村优先发展，持续推动农业农村改革发展的坚定意志。据统计，2003~2012 年，中央财政对"三农"的投入累计超过 6 万亿元。[①] 如果加上地方财政的投入，这一数量将超过 15 万亿元。[②] 党的十八大以来，中央持续加大对农业农村工作领域的支持，特别是围绕确保打赢脱贫攻坚战建立了与脱贫攻坚目标相匹配的投入体系。国家统计局数据显示，党的十八大以来，国家财政农林水事务支出逐渐增长，2013~2019 年分别为 13349.55 亿元、14173.80 亿元、17380.49 亿元、18587.40 亿元、19088.99 亿元、21085.59 亿元和 22420.11 亿元。[③] 需要指出的是，国家对"三农"的财政投入不仅体现在农林水事务支出的科目，其他相关部门的涉农资金也是财政"三农"投入的重要组成部分，此外还应包括专项金融支持投入、政府基金

① 在总量上，2003~2012 年，中央财政"三农"投入从 2144 亿元增加到 12286.6 亿元，翻了两番多；在速度上，中央财政"三农"投入年均增长 21%，高于同期财政支出年均增速 4.5 个百分点；在比重上，中央财政"三农"投入占财政支出的比重从 13.7% 提高到 19.2%，达到将近 1/5。资料来源于中华人民共和国财政部网站（http://www.mof.gov.cn/zhuantihuigu/2012sn/201211/t20121107_692859.html）。

② 这里依据的是粗略的估算，一般而言，中央财政"三农"支出对地方财政"三农"支出的带动系数为 1∶1.5。如 2012 年，中央财政"三农"支出约为 1.2 万亿元，而地方财政支出规模在 1.8 万亿元，二者总和超过了 3 万亿元。

③ 资料来源于国家统计局网站（http://data.stats.gov.cn/adv.htm?m=advquery&cn=C01）。

性收入投入等。换言之，国家实际的全口径"三农"支出规模将会大大超过统计在农林水事务支出科目下的这一部分。

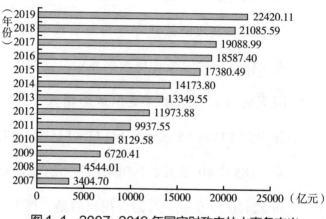

图1-1　2007~2019年国家财政农林水事务支出

这些财政资源借助"一揽子"的具体惠农政策，经过自上而下的政府科层系统，最终传递到乡村和农户，构成了助力农村发展的重要力量。特别是，这些政策资源中有较大的比重是用于（整合使用于）以社区（村）为单元的发展干预项目，聚焦于社区层面的基础设施与基本公共服务条件改善、基础产业发展和基层组织建设，构成了推进社区性贫困治理、社区发展与振兴的主导力量。还应看到的是，国家的财政资源投入引导着金融资本和城市工商业资本流向乡村发展领域，即政策下乡带动了金融下乡与城市工商业资本下乡，共同构成了支撑乡村减贫与发展的投入体系。[①] 国家统计局的数据显示，2000 年以来，农林牧渔固定资产投资逐年增长，并且这一进程自 2006 年以来明显加速，特别是党的十八大以来，平均增速保持在 15%以上。

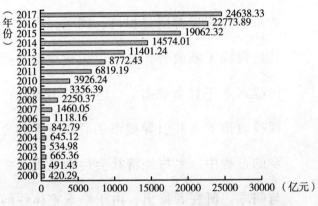

图 1-2　2000~2017 年全国农林牧渔固定资产投资

可以说，自税费改革以来，国家与农民关系、城乡工农关系进入一个崭新的历史时期，即国家通过大规模的政策和资源投入，引导社会力量参与，

---

① 仝志辉、温铁军：《资本和部门下乡与小农户经济的组织化道路——兼对专业合作社道路提出质疑》，《开放时代》2009 年第 4 期；严海蓉、陈义媛：《中国农业资本化的特征和方向：自下而上和自上而下的资本化动力》，《开放时代》2015 年第 5 期；陆文荣、卢汉龙：《部门下乡、资本下乡与农户再合作——基于村社自主性的视角》，《中国农村观察》2013 年第 2 期。

从而解决"三农"难题，持续推动农业农村改革发展，最终实现乡村脱贫增收和全面振兴的目标。毋庸置疑，大规模的政策下乡、金融下乡和资本下乡，以及密集部署和推动实施的农村改革举措，有力地促进了农业农村工作发展。新千年以来，我国粮食生产不断迈上新的台阶，实现了供求总量基本平衡，农业生产领域经济作物占比、农业科技贡献率、农业市场化程度都明显提高；同时，农村经济与社会基础设施不断改善，基层组织建设取得新成就，农民收入水平显著改善。[①] 但不得不承认，在推动大规模政策下乡并引导城市工商业资本和金融资本下乡的过程中，乡村经济社会运转呈现诸多新的现象与问题。研究者指出，由于缺乏整体性的引导和规制，政策下乡和资本下乡的过程在一定范围内造成了农村社会分化的加剧，[②] 出现了新的乡土精英群体，这些群体凭借对其自身颇为雄厚资本的策略性运用，

---

① 韩长赋：《四十年农业农村改革发展的成就经验》，《人民日报》2019年1月17日，第10版。

② 折晓叶、陈婴婴：《项目制的分级运作机制和治理逻辑——对"项目进村"案例的社会学分析》，《中国社会科学》2011年第4期；周雪光：《通往集体债务之路：政府组织、社会制度与乡村中国的公共品供给》，《公共行政评论》2012年第1期。

对政策过程和资源分配产生重要影响。[①] 同时，资本对利益的追逐与农业农村发展的目标并没有形成紧密衔接，非农化经营、套取补贴等现象屡见不鲜。[②] 换言之，税费改革以来，在"多予"和"放活"政策的共同作用下，农业农村发展迎来了历史性的机遇，但同时也面临着诸多挑战。能否有效规范政策在基层的运行，以及能否促进和引导资本下乡带动农民增收与乡村善治，构成了理解新时期乡村发展问题的基础，同时也为理解脱贫攻坚与乡村振兴的制度逻辑提供了可能的知识视角。

依此视角来理解脱贫攻坚则不难发现，脱贫攻坚目标的有效实现不仅取决于不断加大脱贫攻坚财政投入、动员各方力量广泛参与，从而建立与脱贫攻坚目标相匹配的投入体系，更重要的是，要通过体制机制创新和制度创新，解决好过去实践中存在的问题，真正做到让政策下乡、资本下乡和金融下乡能够精准地作用于农村改革发展的关键问题，切实地惠及农村困难群体，特别是带动建档立卡贫困

[①] 吕方、向德平：《"政策经营者"："支持型政权"与新乡土精英的崛起——基于"河村"案例的研究》，《社会建设》2015 年第 3 期。

[②] 涂圣伟：《工商资本下乡的适宜领域及其困境摆脱》，《改革》2014 年第 9 期；贺雪峰：《小农立场》，中国政法大学出版社，2013。

人口实现脱贫增收，促进其可持续发展内生动力的成长。

二 精准扶贫与乡村振兴

党的十八大以来，以习近平同志为核心的党中央高度重视扶贫开发工作，将打赢脱贫攻坚战视为全面建成小康社会的底线目标和标志性指标，动员全党全社会广泛参与，在全国范围全面打响脱贫攻坚战。为了适应新时期中国农村减贫形势的变动和脱贫攻坚战的要求，习近平总书记提出并全面阐释了精准扶贫精准脱贫基本方略，作为推动新时期国家贫困治理体系现代化的理念基石和根本遵循。[1] 我们认为，精准扶贫精准脱贫的基本方略就其直接目标而言是适应新时期中国农村减贫形势变动，为打赢脱贫攻坚战提供理论和方法的指引；但如果将脱贫攻坚战略置于中国农村改革发展的历史长时段背景下考察，洞悉精准方略的知识逻辑和历史逻辑则不难发现，以践行精准方略为核心的脱贫攻坚战构成了系统性地回应和解决税费改革以来困扰农业农村改革发

---

① 吕方：《精准扶贫与国家减贫治理体系现代化》，《中国农业大学学报》（社会科学版）2017年第5期。

展工作的诸多现实问题，尤其是对于纠正既往政策下乡、资本下乡实践偏离的探索与努力。①

整体性地看待脱贫攻坚战的治理逻辑便不难发现，党的十八大以来在全国范围打响的脱贫攻坚战，延续了自税费改革以来通过以政府财政投入为主导、引导社会力量广泛参与并持续推进配套改革助力农村减贫发展的历史脉络。具体来说，脱贫攻坚时代，政府的专项扶贫投入、行业扶贫投入以及金融、土地等要素投入和城市工商业资本与社会帮扶力量共同构成了脱贫攻坚的投入体系，政策下乡、金融下乡和资本下乡依然是助推农村减贫的主导力量。不同的是，一方面，政府、市场与社会三种力量的投入更具整合性，避免了零散投入所带来的"碎片化"问题和"微观—宏观"悖论。另一方面，以精准扶贫精准脱贫基本方略为指引，诸种下沉乡村的资源在分配和使用方面建立了更为严谨、严格的标准和程序，基层权力的运行得到了有效规范，既往实践中存在的精英俘获问题，随着建档立卡的档案下乡、带贫机制的新资本下乡、驻村帮扶的干部下乡等机制的建立而逐步得到

① 吕方：《脱贫攻坚与乡村振兴衔接：知识逻辑与现实路径》，《南京农业大学学报》(社会科学版) 2020 年第 4 期。

解决。换言之，精准扶贫不仅仅是一套有效的治贫方略，同时也构成了执政党系统性地重塑政策下乡、资本下乡路径与规则的探索，逐步形成了一整套的新型乡土秩序，包括新型的"政—企—银—农"关系、新型的基层权力运行模式（尤其是村级权力运行模式）。这一套新型乡村秩序确保了国家农业农村工作的顶层设计及其负载的惠农理念得以更好地实现，亦重塑了整个乡村发展体制，使得乡村政策运行和产业发展的交易成本更低并更具共享性和包容性。

要之，新时期的贫困治理是对脱贫攻坚时代特征和治理模式的概括，脱贫攻坚的实践也不断丰富着乡村振兴进程中贫困治理的内涵。在本研究中，我们将金龙坪村的村级脱贫案例置于乡村振兴的进程与知识视角下考察。在后文的讨论中，我们将尽可能准确地还原精准扶贫在金龙坪村的社区实践，并结合上述视角与框架讨论其启示意义。在此之前，我们将在本章的第二节阐明如何从社区层面理解精准扶贫（脱贫攻坚）与乡村振兴的关联，尤其是对于社区性贫困治理而言，精准扶贫在社区层面的实践是如何与乡村振兴的制度逻辑建立起联系的。

第二节　社区治理与脱贫攻坚

在减贫与发展研究领域，社区是最为重要的关键词之一。大致而言，知识界在作为"治理单元"的社区和作为"视角与方法"的社区两个方面形成了非常丰富的理论成果，这些成果为我们理解脱贫攻坚时代的村级减贫案例，特别是社区治理与脱贫攻坚之间的知识逻辑和实践经验提供了有益的启示。在这一节中，我们将在回顾既有研究的基础上，提出理解社区治理与脱贫攻坚关系的几个知识命题，为我们更深入地把握金龙坪村脱贫出列案例经验提供知识框架和分析视角。在本研究中，我们将简要介绍知识界从社区视角出发的贫困研究的理论成果，继而讨论如何理解乡村振兴进程中贫困治理在社区层面的展开，为后文关于金龙坪村案例的解读提供参考框架。

一　以社区为单元，以社区为方法

社区是贫困治理的基本单元，具有贫困治理的方法论意义。就其作为贫困治理的基本单元而言，有效应对社区性贫困，补齐各类制约社区发展的短板，提升社区内聚力和自我发展能力，是贫困治理的基本目标。此外，从方法论的意义上讲，贫困治理的最终成效固然体现在贫困人口生计水平的改善和获得感的提升，但作为贫困人口生存与发展的基本场景，促进社区能力的改善、提升社区治理能力则无疑是贫困治理的现实路径。

（一）以社区为单元的贫困治理

早期的贫困研究将关注点聚焦在个体层面的物质匮乏状态，认为贫困是指个体难以稳定获得基本的物质生活资料，难以维持基本的生存。这种认识在较长的历史时期内占据支配性的地位。相对而言，社区的价值则往往与某种浪漫主义的怀旧情绪相联系，甚或被解读为需要被改造的。然而，随着资本主义实践的展开以及全球视域的打开，人们重新发现了社区的价值，也勇于直面各种社区危机。在发展中国家，政策界和理论工作者都发现，社区依然是发展的基本单元，各类社会资源、文化资源、政治资源在社区中高度密集，而发展中国家在现代化过程中不可避免地要回应社区发展的议题。

自 20 世纪 30 年代起，理论和实务工作者都积极运用社区的视角重新认识贫困现象，并寻求综合性的应对方案。要之，社区性贫困是理解贫困现象必不可少的视角，对于发展中国家而言尤其如此。回望全球减贫历程，可以发现，20 世纪 30 年代，特别是 20 世纪中叶以来，社区的贫困问题——尤其是农村社区和城市贫窟社区等难点议题始终是知识界论辩和思考的核心议题之一。19 世纪 80 年代兴起的社区睦邻运动便旨在通过发展与改善整个社区居民的福利状况，为解决社区内的贫困提出自己的方式方法。此外，为社会政策研究者所熟知的汤因比馆、赫尔馆亦是一例。20 世纪 30 年代，欧洲宗主国逐渐意识到，要想其殖民统治长治久安，需要促进殖民地经济发展，经历过一系列尝试以后，普遍的做法是把殖民政府与当地政治精英和政治过程有机结合，并利用当地的资源和居民的首创精神来发展社区经济。毋庸置疑，这些实践带有浓厚的殖民主义色彩，其目的一方面在于将殖民地变成宗主国的原材料基地和商品销售市场，另一方面在于确保殖民统治得到当地政治精英支持，融入地方政治与社会文化。可以说，这些实践一定程度上代表了社区发展的早期尝试，只是其殖民色彩非常浓厚。第二次世界大战以后，大批新兴独立国家为解决贫困、疾病、失业和教育落后等一系列问题积极开展社区发展实践，联合国经济及社会理事会于20世纪50年代倡导开展了社区发展运动，其基本理念是"以社区发展促进社会进步"，强调以乡村社区为单位，政府、市场与社区内居民协作，利用各种内部资源与外部援助，改善社区生存环境和提高居民素质，促进经济发展。此后，以社区为单元的贫困治理理念和方法不断完善，在国际发展干预领域占据核心地位。

（二）以社区为方法的贫困治理

以社区为方法的贫困治理强调社区在减贫与发展过程中的主体性。主张通过向社区赋权的方式，将决策和资源配置的重心向社区层面下沉，在政府等外部力量的支持下，主要运用社区资源、动员社区力量实现有效的减贫发展。该视角强调将社区视为发展过程中的参与者，而不是被动的接受者，因此要注重社区在减贫与发展中的主体性。该视角所批评的是一些自上而下的发展干预实践不能对社区实际和社区需求保持足够的敏感性。研究者指出，早期的发展干预实践往往坚持一种线性的发展史观，将社区视为需要在各方面被改造的对象，或者仅仅着眼于宏观的经济变迁而从根本上忽略社区的视角。[①] 在发展主义观念支配下，特别强调自上而下推动有序的社会改造和发展干预行动。但实践表明，这种做法显然没有带来其所承诺的美好图景，反而导致了社区、生态、秩序的溃败与失衡，特别是对社区原有经济社会文化秩序的破坏，在一些案例中产生了不可逆的后果。鉴于此，发展研究领域内兴起了新发展思潮，其中一个重要的知识维度便是强调有效的社区参与，让社区成为发展过程中的主体，相信社区具有凝聚力量、凝聚资源以及改善自身发展境遇的能力。这种观念为世界银行、联合国开发计划署等国际发展组织所热烈推崇，特别是世界银行在 20 世纪 90 年代初提出了一种参与式的社区主导型发展（Community Driven Development，CDD）项目，即将发展干预项目的决策权和资源分配与使用的控制权下放至社区，由社区来主导项目的启动和实施，以此推动社区发展。

上述理念经世界银行、联合国开发计划署等国际

---

① 〔美〕詹姆斯·C.斯科特：《国家的视角：那些试图改善人类状况的项目是如何失败的》，王晓毅译，社会科学文献出版社，2011。

机构引介进入中国，并逐步影响中国政府的专项扶贫行动，形成了专攻社区性贫困治理的专项扶贫政策模式——整村推进。从国务院扶贫办推动的 CDD 项目在中国农村地区试点的实践效果来看，尽管社区主导型发展项目在实施过程中还存在与农村社区现实社会状况融合不到位而出现的一些如项目程序烦琐、与农业生产周期冲突、管理体制不善等问题，[①] 但整体来看，扶贫资金直接下沉到基层社区促进了有效的社区参与，[②] 扶贫资源能够更加契合农村发展和农民生活的需要。另外，社区主导型发展项目在增强农民和基层社区的发展意识和反贫困能力、推动长效反贫困机制的形成方面也发挥着积极的作用。[③]

二 乡村振兴进程中社区治理的基础

回顾既有关于社区与贫困治理的研究，能够为

[①] 陈雷:《中国社区主导型发展扶贫项目成效、问题与对策》,《兰州学刊》2010 年第 4 期。

[②] 韩俊魁:《农民的组织化与贫困农村社区的可持续发展——以社区主导型发展试点项目为例》,《北京师范大学学报》(社会科学版) 2008 年第 5 期。

[③] 陆汉文:《社区主导型发展与合作型反贫困——世界银行在华 CDD 试点项目的调查与思考》,《江汉论坛》2008 年第 9 期。

本研究的开展提供重要的启示，特别是在思维方法层面，即社区性贫困治理不能为个体层面的减贫政策所代替，社区性贫困治理恰恰是做好到户、到人减贫工作的基础。同时，在推进社区性贫困治理过程中，需要发挥好外界帮扶和社区内生动能两个方面的作用。然而，既有研究所忽视的解释逻辑链条是，在经验层面，即使控制了自然地理特征、资源禀赋等方面因素差异，基础条件都非常近似的社区所能获得的外部帮扶资源却大相径庭。并且，即使是同一个社区，在不同的阶段所能够获得的资源总量以及资源输入所产生的效果也相去甚远。

从乡村振兴的视角出发，不难发现对于乡村社区而言，能否争取到国家政策的扶持，以及能否吸引到资本的入驻，直接关系社区发展的未来。然而，显而易见的是一些村落长期处于发展的边缘地带，而另外一些村落则颇受政府和市场的青睐。研究者从地方政府逻辑[①]、项目制[②]、分利秩序[③]等多重视角来解

---

① 吕方：《治理情境分析：风险约束下的地方政府行为——基于武陵市扶贫办"申诉"个案的研究》，《社会学研究》2013年第2期。

② 折晓叶、陈婴婴：《项目制的分级运作机制和治理逻辑——对"项目进村"案例的社会学分析》，《中国社会科学》2011年第4期。

③ 陈锋：《分利秩序与基层治理内卷化——资源输入背景下的乡村治理逻辑》，《社会》2015年第3期。

释缘何政策和资本下乡会出现不同社区之间的分化现象。结合既有研究以及我们对于乡村振兴的理解，在本研究中我们提出如下几个方面的命题，以进一步深化社区视角的研究，同时支撑对金龙坪村案例的解读。

命题1：诸种下乡力量对乡村社区的结构、利益和团结产生重要的影响。同时，乡村社区的权力结构、利益网络会对诸种下乡力量及下乡过程发挥作用，进而影响其绩效与产出。

外界资源（无论是政策资源、金融资源、技术资源还是工商业资本）的输入对于乡村社区居民产生的影响是不均质的，随着政策力量和市场力量向乡村社区延伸，在政策资源和市场红利分配过程中，不同群体获得的收益会有所不同，同时对于社区的秩序与团结也产生一定影响。在发展研究领域，研究者基于对自上而下一体化发展干预模式"绩效困境"[①]的反思，提出向社区赋权将会有助于发展干预更好地适应不同社区各自的特点，从而提升干预的绩

① 〔美〕詹姆斯·C.斯科特：《国家的视角：那些试图改善人类状况的项目是如何失败的》，王晓毅译，社会科学文献出版社，2011。

效。①然而，复杂性在于，随着决策和资源配置重心的下沉，发展干预的实践过程受到来自乡村社区的权力结构和利益网络的影响，特别是社区精英群体会凭借其优势地位"游说"（lobbying）和"俘获"（capture）到更多的利益。②命题 1 是既有理论成果已经形成的共识，一定程度上也反映了税费改革之后一段时期里政策下乡实践所遭遇的困局。所不同的是，我们在本研究中同时关注社区权力结构、利益网络等因素对诸种下乡力量及其运行绩效的影响，以及在乡村振兴过程中国家为了实现"益贫""惠农"意志对乡村权力运转做出的规制。因此，我们提出命题 2 和命题 3。

命题 2：国家为了实现脱贫攻坚的惠农益贫目标，积极介入规范基层权力运转的过程，从而规避基

---

① C. M. Tiebout, "A Pure Theory of Local Expenditure," *The Journal of Political Economy* 64(1956): 416–424; Wallace E. Oates, "An Essay on Fiscal Federalism," *Journal of Economic Literature* 37(1999): 1120–1149; World Bank, *World Development Report 1999/2000*：*Entering the 21st Century* (New York: Oxford University Press, 1999), pp.107–124; World Bank, *World Development Report 2000/2001*: *Attacting Poverty, Published for The World Bank* (New York: Oxford University Press, 2000), pp.99–112.

② Richard C. Crook, and A. S. Sverrisson, "To What Extent Can Decentralized Forms of Government Enhance the Development of Pro-Poor Policies and Improve Poverty-Alleviation Outcomes?" *Acoustical Society of America Journal* 81(1987): S36.

层社会的非正式力量对下乡过程的干扰。

命题 2.1：精准扶贫目标的实现要避免和冲破原有基层社区权力结构、利益网络对政策资源的影响和俘获。

命题 2.2：精准扶贫期间，通过建档立卡、干部下乡、建强村级党组织等举措，国家力量积极介入乡村社区运转，重塑了村级治理体系，规范了村级权力运行。

精准扶贫精准脱贫基本方略是党的十八大以来中国减贫理论的重大创新成果，是新时期国家贫困治理体系调整与完善的理念基石。就其直接目标而言，精准扶贫精准脱贫基本方略的提出乃是为了适应新时期中国农村减贫形势的变动，确保全面建成小康社会背景下的脱贫攻坚战能够高质量完成既定目标。[①] 然而，如果从国家与农民关系及国家乡村治理变迁的历史长时段视角来看，脱贫攻坚时期围

---

① 汪三贵、郭子豪：《论中国精准扶贫》，《贵州社会科学》2015 年第 5 期；黄承伟、覃志敏：《论精准扶贫与国家贫困治理体系的建构》，《中国延安干部学院学报》2015 年第 1 期；唐任伍：《习近平精准扶贫思想阐释》，《人民论坛》2015 年第 30 期；吕方：《精准扶贫与国家减贫治理体系现代化》，《中国农业大学学报》（社会科学版）2017 年第 5 期；吕方：《精准扶贫不是什么？——农村转型视域下的贫困治理》，《新视野》2017 年第 2 期。

绕着践行精准方略，实现对贫困村、贫困户精准到户、到人扶持的目标，国家力量积极地介入基层权力运转领域，特别是在村一级，通过以建档立卡为核心的档案下乡，以选派第一书记和驻村工作队为核心的干部下乡，以及整顿薄弱涣散村、加强乡村基层党组织建设等国家行动，有效地规范了村级权力的运行，重塑了基层政治生态和治理体系。其成果不仅体现在为精准扶贫精准脱贫基本方略的有效落实提供了有力支撑，同时也为未来30年乡村振兴战略的落实探索了方法，积累了经验。这也构成了本研究的基本视角之一，在后文中我们将结合金龙坪村精准扶贫村级案例，尝试性地展现乡村振兴理念在村级层面的实作逻辑。

命题3：党的基层组织建设是新时代乡村社区治理的核心与枢纽，基层党组织的凝聚力和战斗力决定了老百姓对村"两委"权威的认同和信任，决定了政府部门和市场组织对社区的信心，基层党组织建设水平高有利于争取更多资源下乡。

命题3.1：基层党组织建设水平高、社区团结状况好的村庄能够在同等条件下争取到更多的政策扶持。

命题 3.2：基层党组织建设水平高、社区团结状况好的村庄能够在同等条件下争取到更多的外部投资。

如果我们从社区的主体视角来看待乡村振兴进程中的贫困治理，追问什么样的村更能够争取到外部资源的进入，则可能会发现良好的"村治"有助于增强政府和市场主体的信心，从而获得政策和资本更多的青睐。对于前者而言，政策下乡在村一级的展开有大量的工作需要乡村社区的配合，特别是涉及老百姓利益和需要动员老百姓广泛参与的内容，良好的"村治"显然有利于政策在村级层面的有序实施，从而促进政策目标的实现和政策效能的提升。对于后者而言，资本下乡的根本驱动力仍在于追逐利润，而发展乡村产业则必不可少地要和社区及农户打交道，良好的"村治"意味着可以尽可能地节约交易成本，同时更好地动员社区资源，尤其是在"政企银农"的乡村发展体制下，更能够聚合各种资源形成合力。

需要特别说明的有两个方面。一是新时期基层党组织建设，尤其是村党支部、主要村干部的威望和能力对于"村治"状况有着直接的影响。在经验层面，往往是村级党组织在村民中越有公信力，越能够凝聚人心、凝聚力量，则"村治"体系就越完善，治理效能越好，反之亦然。二是在脱贫攻坚阶段，实现所有贫困村脱贫出列是中央既定目标，在脱贫攻坚的"达标赛"体制中，较少涉及村与村之间的"竞争性"项目，占据主导地位的分配逻辑是与减贫需求和目标相一致的政策投入（当然在实践中，地方政府也会将好的项目、重点项目放到那些更合适、基础更好的村）。而在未来乡村振兴战略实施过程中，"村治"状况对吸引外部资源进入的作用会进一步凸显，可以说"社区治理也是生产力"，进一步推论"村级党建也是生产力"。

以上我们用知识命题的方式尝试性阐述了脱贫攻坚的知识逻辑，也为本研究解析金龙坪村村级案例提供了基本的视角。在后文中，我们将首先整体性展现金龙坪村脱贫出列村级案例的概况，进而结合建档立卡、有机茶产业、干部驻村等几方面内容来进一步呈现金龙坪村案例及其启示意义。

第三节　本书的结构安排

为了整体性地展现金龙坪村案例的基本事实和知识启示，我们在具有导论性质的第一章提出了新时期的贫困治理这样一种对精准扶贫的基本判断，以展现和理解精准扶贫社区实践的知识视角。接下来，在本书的第二章主要讨论如何理解金龙坪村的贫困问题，并介绍精准扶贫工作在金龙坪村开展的基本情况。不难发现，类似金龙坪村这样的深山贫困村，其贫困问题需要同时从多维视角和生成视角出发才能够形成相对完整的理解。鉴于此，村级精准扶贫工作就不仅涉及补基础设施、基本公共服务、基础产业短板的问题，更重要的是整体性地重塑其发展能力和治理能力。第三章、第四章和第五章结合金龙坪村建档立卡、产业发展、村级组织建设的经验，分别从档案下乡、标准下乡、规则下乡三个角度阐释在精准扶贫阶段，国家力量如何系统性地回到社区情境规范村级权力运行，重塑国家与农民关系和乡村治理体系，以及这些自上而下的国家返场如何在为精准扶贫方略的实践和精准脱贫目标的实现提供有效支持的同时，为下一个 30 年乡村发展和乡村治理能力提升奠定基础。最后的结语章节简要介绍金龙坪村的后续发展，并讨论金龙坪村案例的知识意义。

精准扶贫的村级样本：以金龙坪村为例

金龙坪村隶属湖北省恩施州宣恩县万寨乡，是典型的武陵山区腹地深山贫困村，由于地处偏远，基础设施和基本公共服务薄弱，产业基础差，长期以来处于贫困落后的状况，其贫困成因可以概括为"多重边缘性叠加"。脱贫攻坚阶段，金龙坪村通过抓党建促脱贫，抢抓发展机遇，务实贯彻精准扶贫精准脱贫基本方略，因地制宜找准了发展路子。几年来，金龙坪村经济社会发展水平、干部和村民精神面貌明显改观，成功实现了脱贫出列。本章从金龙坪村的村情介绍出发，阐明金龙坪村贫困问题的表现、背后的深层原因及其典型性，继而介绍金龙坪村扶贫工作的历程，特别是精准扶贫以来，金龙坪村如何切实解决好精准扶贫精准脱贫基本方略的"四个问题"，从而成功实现脱贫出列的做法与经验。

第一节　金龙坪村村情概况与贫困成因

在"社区性贫困"研究的知识传统中，长期以来占据主导性地位的是静态模型，即从多维贫困的视角阐明社区在各要素维度，尤其是基础设施、基本公共服务、基础产业、基层组织等方面面临的匮乏状况。总体来说，静态模型呈现非常清晰的政策取向，即通过对社区在多维度上贫困状态的把握，界定社区所面对贫困问题的性质与程度。这种研究取向固然有其价值，尤其是具有较强的政策意义，通过社区之"所缺"来界定政策投入的重点，然而对于"社区性贫困"的成因，特别是其历史生成性原因难以深入揭示。鉴于此，在对金龙坪村村情和贫困问题的讨论中，我们将坚持静态模型与动态模型相结合，具体来说，在完整展现该村村情概况的基础上，从历史变迁和结构特征探析金龙坪村贫困的深层原因，并讨论其对于理解武陵山区类似深山贫困村境况的典型意义。

一 金龙坪村村情概述

（一）自然地理特点

金龙坪村隶属湖北省恩施州宣恩县万寨乡，是典型的武陵山区腹地深山贫困村。村内最高海拔 812 米，最低海拔 650 米，全村平均海拔 700 米。村内地形起伏较大，坡度陡峻，全村岩溶地质结构特征明显，地表多为石灰岩，土质疏松，土层稀薄，水土流失严重。金龙坪村位于北纬 30.1 度、东经 109.6 度附近，地处华中气候区，属于亚热带湿润季风气候，春秋季节短，冬夏季节长。夏季高温多雨，冬季温和少雨。1 月平均气温在 0℃以上，7 月平均气温在 35℃左右。全村村域总面积 8.93 平方公里，耕地总面积 1700 亩，人均耕地面积 1.62 亩；另有园地 1800 亩和林地 9780 亩，其中退耕还林面积 620 亩。

金龙坪村是万寨乡最南端的村落，与宣恩县城所在地珠山镇的直线距离约为 11 公里。在课题组进入金龙坪村调研的时候，县里已经建成一条连接金龙坪村与县城主干道的公路，全长约 4.7 公里，驾车也就 20 分钟左右的车程就能从县政府所在地到达金龙坪村。然而，这条路是脱贫攻坚阶段（2016 年）才完成建设的，在此之前金龙坪村村民要到县城，首先需要行进 24 公里，取道乡政府所在地，再经由乡镇公路到达县城，全程超过 40 公里，并且由金龙坪村出发去往乡镇的道路有数公里是没有完成硬化的，即使晴天也崎岖颠簸，汽车等交通工具难以进入，一遇到雨雪天气则更加泥泞难行。在后文关于金龙坪村致贫因素的讨论中，我们将会进一步呈现基础设施滞后对于金龙坪村减贫与发展产生的复杂影响。

（二）人口与经济

金龙坪村下辖 12 个村民小组，共 278 户 1050 人（见表 2-1），呈散点状分布。村内常住人口约 635 人，具有劳动能力者约 625 人，占全村总人口的 59.5%，但与全国其他山区乡村类似，村里的青壮年劳动力大多外出务工，这部分劳动力约 390 人，占全村总人口的 37.1%。全村有建档立卡贫困户 209 户 750 人，占总人口的 71.4%；另有低保户 30 户 79 人，"五保户" 5 户 5 人。可以说，贫困人口规模大、贫困发生率高、贫困程度深是金龙坪村的基本村情。

表 2-1　金龙坪村人口概况

单位：人，%

总人口	贫困人口		常住人口		劳动力人口		外出劳动人口	
	人数	占比	人数	占比	人数	占比	人数	占比
1050	750	71.4	635	60.5	625	59.5	390	37.1

资料来源："精准扶贫精准脱贫百村调研"金龙坪村调研。

说明：本书统计表格，除特殊标注，均来自金龙坪村调研。

金龙坪村目前有学前儿童和小学教育阶段适龄儿童共 86 人，小学教育阶段适龄儿童全部在学。自 2005 年撤销村小学后，村内适龄儿童在乡镇中心小学就读，路程上偏远一些。2016 年，随着金龙坪村到县城接驳公路建成通车，不少家长选择送孩子到县城实验小学就读。

据当地百姓介绍，金龙坪村得名或许是因其所处地理位置恰在宛如金龙的绵延山脉之间。在调研访谈中，我们与村干部和村民进行交谈，大致梳理出改革以来金龙坪村经济发展变迁的基本脉络。据村里的老人讲，金龙坪村在 1981 年就实现了包产到户改革。改革之后，村民的劳动积极性有了明显的提升，但由于生产资料有限，特别是该村受岩溶地貌影响，土壤的丰沃程度很低，同时缺水较为严重，在土地稀少、地力瘠薄的条件下，解决好吃饭问题对百姓而言依然是最为关键的。因此，农业生产活动主要围绕口粮种植展开，特别是对玉米、薯类等高产作物的种植；相应地，经济作物的种植则比较零散，与经济作物产业经营的概念相去甚远。生猪和家禽养殖也只是满足家庭生活，零星有一些产品可以换点钱补贴家用。

值得注意的是，虽然金龙坪村交通不便、地力瘠薄，但该村生态环境好，又恰好处在宣恩县"白一

图2-1 金龙坪村村民旧居

（金龙坪村课题组拍摄，2018年12月）

金—马"①黄金茶叶带上。2003年，一家叫作裕盛公司②的企业在村里推进有机茶生产项目，带动了几户村民种植有机茶叶。③但是村里的道路、电力设施、水利设施建设较为滞后，限制了产业发展的规模。而此后当地一些条件较好的村在政府的扶持下，有机茶产业得以发展壮大，金龙坪村则始终止步不前。可以说，到2013年精准扶贫启动之年，金龙坪村总体上依然算是产业空白村。换言之，在很长的时期里，金龙坪村农业生产以粮食作物为主，虽然具有发展茶叶产业的条件，但由于各方面因素限制一直没有发展起来，这也是制约该村农户增收的主因之一。

当地的一些手艺人最早外出务工，主要是就近从事农房建设或成为木工、泥瓦工等临时业者。受整个宣恩县乃至恩施州经济发展水平限制，难以吸纳更多的就业人口，当地百姓开始到省外去闯世界。最早

---

① "白—金—马"指万寨乡白云山、金龙坪和马鞍山三个村。这三个村由于海拔在800米左右，气候适宜，土壤富硒，产出的茶叶具有极高品质，被称为当地的"黄金茶叶带"。

② 本书使用的公司名均系化名。

③ 金龙坪村是当地最早种植有机茶的村，目前有机茶已经成为宣恩县农业支柱产业。裕盛公司实际上不能简单理解为茶叶贸易公司，而是国际公平贸易组织在华的代理机构，其实践新社会经济运动理念，致力于通过公平贸易活动改造传统国际农产品生产和供应链条，在保护食品安全的同时助力小农和社区发展。

外出务工的一批人都还是到城里做些力气活。近十多年来，村里出去的人逐渐在广东和浙江的一些厂子里站住了脚，又带动村里更多的年轻人外出务工。这几年，随着县城城镇建设与发展，有几户村民开始就近在本县做一些建筑和装修活。据该村的村党支部书记介绍，金龙坪村常年在外务工的人口近400人，这一规模占据了该村总人口的逾1/3，同时占全村劳动力的近2/3。总体来说，打工收入是当地农户的主要经济来源。留守在村的人口则主要是老人、妇女和孩子。这几年村里外出上学的孩子和外出租房陪读的家长越来越多，平日里村里面孩子也日渐稀少。

（三）基层组织

当进入金龙坪村调研时，该村已经实现了脱贫出列。几年来精准扶贫工作给金龙坪村带来的变化非常显著。在与县、乡干部以及金龙坪村村民交流的过程中，普遍反映这些年金龙坪村的巨大变化得益于国家的政策扶持，得益于村里有了一个好班子，不仅村"两委"干部年轻有朝气，驻村工作队和第一书记也非常认真，用心用情。金龙坪村党支部现有支部书记、副书记和支部委员各1人，均为男性，其中初中文化水平1人，大专文化水平2人；支部现有党员25人，普遍年龄偏大，文化程度偏低，50岁以上党员16人，占全村党员人数的64%，仅有5位党员为高中及以上文化水平。村委会现有干部5人，其中1人为扶贫专干，村委会主任、副主任各1人，"主任、书记一肩挑"，分别交叉任党支部书记、副书记，村委委员3人，"村医、村教进班子"，其中1人为女性，村委委员年龄均在40岁以上，文化程度均为初中文化水平。我们在后面的讨论中将会重点介绍金龙坪村的基层组织建设，并且我们相信把握金龙坪村党建促脱贫的经验是理解金龙坪村案例的关键之一，恰恰是抓好了村级党组织建设，建强了村级"战斗堡垒"，才有效地确保政策落地和资源下乡，这或许也表征着乡村振兴进程中社区治理与乡村发展之间的内在联系。

二 金龙坪村的贫困问题

金龙坪村是宣恩县万寨乡4个建档立卡贫困村之一。万寨乡共有24个行政村，新千年以来，在国家惠农政策的支持下，万寨乡经济社会发展面貌有了显著改观，特别是该乡镇依托贡茶品牌打造，逐渐成为省内驰名的"贡茶之乡"，目前全乡茶园总规模超过了56000亩，人均茶园面积1.8亩，形成茶叶专业村16个。有茶叶加工企业74家，其中规模以上企业8家，有自营出口权企业2家。[①] 在茶叶产业的带动下，万寨乡大部分行政村经济发展取得了较为明显的成效，对老百姓的增收带动效果较为明显。而金龙坪村等几个村则受地处偏远、基础设施薄弱、基层组织凝聚力和战斗力差等多重因素共同影响，贫困问题依然较为突出。特别是，在访谈中我们了解到类似金龙坪村的几个村从贫困成因来讲可以说面临着"多重边缘性"的积累。

（一）从建档立卡看金龙坪村的贫困问题

翻阅宣恩县和万寨乡的扶贫档案便会发现，金龙坪村的贫困问题由来已久。新千年之初，为配合《中国农村扶贫开发纲要（2001~2010年）》的实施，国务院扶贫开发领导小组办公室自上而下地部署和实施

---

① 根据2017年4月26日赴宣恩县万寨乡访谈资料整理。

了贫困村识别工作，为"一体两翼"的扶贫开发工作打基础。① 在这一轮识别中金龙坪村就已经纳入贫困村的范畴。按照当地扶贫干部介绍，金龙坪村主要穷在了"路"上，② 在 2016 年新建珠山镇到金龙坪村的公路之前，这个村实在称得上偏远。县里扶贫办的副主任小方③ 给我们做了以下介绍。

　　金龙坪村这个村的贫困，过去我们讲主要是几个方面因素导致的。一是行路难。大概是在 1998 年，也就是国家"八七"扶贫攻坚计划期间，金龙坪村才修通了一条乡镇通村的道路，这条路至今也还没有完全硬化，天晴一身灰、下雨两脚泥，属于典型的"三选路"④。二是用电难。几轮农网改造后，村子生活

---

① 研究者指出，《中国农村扶贫开发纲要（2001~2010 年）》的颁布实施标志着中国减贫事业进入一个新阶段，

② 当然，这种说法有其片面性，在后文中我们将会阐明金龙坪村的贫困问题从多维贫困的视角来看，体现在基础设施薄弱、基本公共服务发展滞后、基础产业缺乏和基层组织能力不强等方面，从历史生成性的角度则具有多重边缘性叠加的特征。但从另一个角度来讲，这种"片面"的看法，一定程度上也反映了当地干部群众最大的发展期盼。

③ 本书涉及的案例中所有人名均系化名。

④ "三选路"的"三选"指的是选天气、选车、选司机，具体来说，"选天气"说的是需要晴天才能通行，"选车"指不能是大型车，也不能是小轿车，对车的底盘要求高，"选司机"指的是司机要熟悉路况。

用电基本没有问题了，但生产用电还没有解决。三是用水难。我们这个地方属于岩溶地貌地带，看上去绿莹莹一片，植被很好，但山高水低，存不住水。前些年建的蓄水池，满足生活用水差不多，但发展生产也是不行。四是上学就医难。大概是在2005年村里面的学校就没有了，要到乡镇小学就读。由于比较偏远，看病也不方便，特别是这些年村里面老人多、病人多、残疾人多。五是增收难。不像其他村，金龙坪村产业一直没（发展）起来，外出打工还是主要的收入来源。①

实际上，方副主任对金龙坪村贫困问题的描述也很适用于武陵山区其他的深山贫困村。在以村为单元的贫困治理中，基础设施状况、基本公共服务、基层组织和基本产业是四个最为核心的认识维度，同时也是干预维度。2014年，按照国家统一部署，宣恩县万寨乡启动了建档立卡工作，通过建档立卡更为清晰地看到金龙坪村的贫困问题。

建档立卡数据显示，金龙坪村共有建档立卡贫困

① 根据2017年4月29日访谈资料整理。

户 209 户 750 人，占总人口数 71.4%；① 另有低保户 30 户 79 人，"五保户" 5 户 5 人。从致贫原因来看，有 540 人属于因病致贫，154 户属于因学致贫。② 从贫困人口的分布来看，临近村内主干道的一组、二组、三组、四组、六组、十组、十一组和十二组，贫困户和贫困人口的数量相对较少，而较为偏远的五组、七组、八组、九组贫困人口较多。这也从一个侧面反映出交通条件对于农户家庭生计的影响，临近主干道的农户从事生产具有较为便利的条件，而偏远地带则生产生活条件极为不便。

此外，前文已述，金龙坪村产业发展较为滞后，特别是相较于万寨乡其他村具有较大的差距，农业生产以粮食作物为主，虽然自 2003 年始该村率先发展有机茶生产，但规模不大，且不具备加工能力，茶农主

---

① 我们注意到 2014 年金龙坪村建档立卡贫困户为 209 户 773 人，2015 年为 209 户 754 人，2016 年为 209 户 750 人。这种各年度建档立卡数据的差异主要是两个方面的原因导致。其一，在 2014 年建档立卡之初，各村的数据精准度并不是很高，因此国务院扶贫开发领导小组办公室自上而下布置了多轮精准扶贫"回头看"，并且在此后两年间，通过动态调整来校准数据。其二，在扶贫工作的开展过程中，贫困人口是有进有出的，即有的实现了脱贫，同时也有一些新增贫困人口。这部分的内容我们将会在下一个章节中详述。

② 这一数据根据百村调研的"村表"采集，调研中，课题组对这一数据表示了疑问，村里给出的解释是这些数据指的是享受健康扶贫和教育扶贫政策的农户。

要以出售茶青获得有限的收入。同时，该村有73户农户住房条件欠佳，属C、D级危房或须纳入易地移民搬迁。

从村落层面来看，按照湖北省的"九有"[①]标准，该村在精准扶贫以前尚未形成有规模的主导产业，属于集体经济空白村；村委会借用的是原村小学场地（村小学于2005年撤并），村里没有标准化的卫生室，通村路于1998年修建，尚有一段未硬化；受岩溶地貌特征影响，该村生产生活用水问题一直未能解决，之前建设的小水窖容量有限，并且年久失修，功能大不如前；近年来村里移动电话逐渐普及，有十多户条件较好的农户接入了互联网，燃料则主要是秸秆、山柴等。

（二）从生成视角看金龙坪村的贫困成因

毫无疑问，精准扶贫期间的建档立卡工作在中国减贫事业发展历史上具有里程碑的意义，标志着中国贫困瞄准实现了到户、到人，第一次全面摸清了底数。然

---

① 所谓"九有"指的是湖北省按照国务院扶贫办关于建档立卡工作的要求，制定的贫困村识别标准，具体包括：①有主导产业；②有集体收入；③有群众服务中心；④有小学教育和卫生文化等服务设施；⑤有硬化的通自然村公路；⑥有入户的安全饮水；⑦有安全的农村电网；⑧有入户的广电通信光纤电缆；⑨有清洁的生活能源。

图 2-2　课题组与万寨乡和金龙坪村干部座谈

（金龙坪村课题组拍摄，2018 年 12 月）

而，无论是从村落的层面，还是从农户的层面，建档立卡数据都只能提供贫困状况的静态素描，无法刻画一个贫困村贫困问题的生成性特征。鉴于此，在调研中，我们尝试通过开展深入的访谈来挖掘当地干部、当地村民对于社区性贫困问题的看法和理解，尤其是把握金龙坪村贫困叙事背后的知识逻辑。

在与当地干部和村民的访谈中，我们发现金龙坪村的贫困问题可谓"多重边缘性叠加"。如前文所述，在 2016 年以前金龙坪村交通闭塞，村民生产生活受到较大限制，而这种地理位置上的边缘性进一步导致了其发展的边缘性。访谈中，县、乡、村干部和村民普遍对交通问题带来的限制表示关切，一些干部和村民甚至表示，只要路修好了，村子发展的基础还是很好的，自然能够富起来。当然这种认识带有较大的局限性，但确实也折射出深山贫困村最大的困境。特别是乡干部的一番话，给课题组带来了很深的触动。

　　要说路，对我们这些山区村来说是第一要紧的。以往我们每次到村里面，村干部和村民都会提出修路的问题。但是我们以往是没法做出承诺的，[①] 只能说一定反映上去，争取县里面能够支持。（为什么说修路很重要呢？——访谈员问）

　　打个比方吧，以前村里面农户养猪，到了要出栏的时候，由于道路不便往往需要请几个帮忙的人把猪抬到乡镇集市去售卖，这样收益甚至不够雇人的成本，当然大家也都是互相帮忙，但你想一下，路不好自然限制了生产。现在村里面发展茶叶，机耕道都还是很多年前的，农用车都进不去，

---

① 税费改革以后，乡镇一级财力下降明显，特别是中西部地区乡镇财政往往处于空转状态，基本没有能力安排公共建设，并且乡村公路建设的事权也相应纳入全县统筹安排。

生产成本就高了很多，全靠肩挑背扛。外面的老板即便看好这个地方（茶叶产业发展自然基础好——补注），但也不愿意来投资。另外，从县里面来说，能拿出来的钱也是非常有限的，自然要讲求个发展的效益问题，建设成本低、见效快的一些村就要优先去安排。像金龙坪村这样的深山村，建设成本太高，规模不大的财政资金进入能解决的问题也是很有限的。①

可以说，由于地理位置偏远，金龙坪村发展生产成本很高，生活亦颇多不便。除了这些直接的影响外，同样由于地理位置上的边缘性，在整个乡镇和县域的发展版图上金龙坪村也处于边缘地位。在精准扶贫以前，虽然国家持续加大对农业农村工作领域的投入，但与庞大的需求相比，资源总量仍显得非常有限。有限的资源如何分配成为县域发展体制最为核心的问题，但可以肯定的是，类似金龙坪村这样的深山贫困村很难享受到政策红利。理由在于，地方政府倾向于将有限的资源投入那些"基础较好""建设成本低、见效快"的村，这样不仅能够凸显政绩，用地方

① 根据 2017 年 12 月 5 日访谈资料整理。

干部的话说，也能够"给其他村做出示范"。①复杂性在于，地理上的边缘性，加之难以享受政策扶持的阳光雨露，进一步导致金龙坪村这样的村落即使有不错的资源禀赋，但在资本看来依然是缺乏潜力的，从而难以吸引老板来投资。要之，如果我们将社区发展（社区性贫困治理）的路径概括为依托社区资源禀赋，动员社区广泛参与，在政府和外部力量的扶持下实现社区经济社会体系的整体性转变，则不难发现，在精准扶贫以前，类似金龙坪村这样的深山贫困村陷入了"多重边缘性叠加"的境况，而这恰恰体现了"社区性贫困"的生产性特征。

更有意义的是，我们在对金龙坪村的调研中发现，地理位置上的边缘性给社区治理本身也会带来一定影响。在既有的研究中，我们也时常会看到某个偏远的村落，颇有点类似于传统乡村社区的原型，伦理秩序、家长制发挥着重要作用。金龙坪村显然不属于这种聚族而居的村落，从该村村民姓氏的多元性即可见一斑。前文提到金龙坪村以往在当地被认为是"问题村"，干群关系时常是比较紧张的，村里班子的威

---

① 吕方：《治理情境分析：风险约束下的地方政府行为——基于武陵市扶贫办"申诉"个案的研究》，《社会学研究》2013年第2期。

望和凝聚力都有待提高。在我们的追问中，发现所谓矛盾并不是村里的干部如何优亲厚友、处事不公，而是源于误解，而这种误解竟然与"地处偏远"颇有些关系。

> 其实你说侵害农民利益的事情或者干部怎么样，是没有的。准确来说，是百姓办事不方便，就认为干部刁难。打个比方，县里面教育局发放困难家庭子女教育补助，需要填报一些表格，然后村里面审核、乡里面审核之后再报到县里。之前交通不便，往返乡镇肯定得专门拿出一整天，村民要申报补助就得停下其他事情。到了乡镇可能因为材料填报不规范或佐证资料不全就白跑一趟。一来二去为了两三百元的补助，往返跑很多趟，村民就认为是干部在有意为难。干部也很委屈，这几年村里服务阵地建设有了很大改观，这种情况才少得多了。[①]

老百姓的身边事大多数看起来很琐碎、很细小，但关系到老百姓对国家政策的看法，更关系到对村干部、村班子的看法。偏远村村级服务阵地建设滞后，

---

① 根据 2017 年 12 月 5 日访谈资料整理。

村民办事多有不便，而这种不便给村民带来的影响，往往村民不会也无法分辨具体的原因，从而逐渐沉淀为对村干部和村"两委"的不信任感。特别是，这种不信任感颇有些"塔西佗陷阱"的意味，在遇到有矛盾的时候就会将问题导向尖锐化，造成社区团结的进一步削弱。

要之，金龙坪村的贫困成因具有"多重边缘性叠加"的特征。即地理位置上的偏远带来了在县乡发展体系中的边缘性，也决定了该村对外来资本缺乏吸引力；同时，与村级组织建设和社区团结问题叠加，进一步强化了其边缘地位。就此而言，精准扶贫阶段，要解决好类似金龙坪村这样深山贫困村的脱贫问题，就不仅是加大各项投入和扶持的问题，而是要系统性地重塑其发展能力和治理能力，其中村级组织建设、社区团结无疑是关键内容。

第二节　金龙坪村精准扶贫的主要做法

党的十八大以来，以习近平同志为核心的党中央高度重视扶贫开发工作，将打赢脱贫攻坚战视为全面建成小康社会的标志性指标和底线目标，纳入"五位一体"的总体布局和"四个全面"的战略布局，动员全党全社会广泛参与，全力以赴推进。全面建成小康社会背景下的脱贫攻坚战为金龙坪村摆脱贫困、提升可持续发展内生动能带来了前所未有的机遇。几年来，在宣恩县委县政府的高度重视和有力推动下，金龙坪村深耕社区治理，积极对接外部扶持，践行精准扶贫精准脱贫基本方略，取得了切实的成效。在这一节，我们将概括性地介绍该村在精准扶贫期间的主要工作。在后续章节中我们会结合调研中的主要发现，通过金龙坪村案例呈现国家精准扶贫精准脱贫基本方略在村一级的实践。

一　建档立卡，摸清贫困底数

对于恩施州来说，建档立卡不算是新事物。《中国农村扶贫开发纲要（2001~2010 年）》实施期间，恩施州即已探索对农村贫困人口全面建档立卡。因此，相对来说，无论是地方政府、扶贫干部还是村干部，对于建档立卡都较为熟悉。在第三章我们将详细介绍新一轮建档立卡在村一级的具体开展过程。这里只是概括性地说明掌握建档立卡信息给村级扶贫工作带来的改变。

在访谈中，金龙坪村的村干部坦言，建档立卡是件辛苦事，甚至称得上"麻烦事"，起初村里面以为建档立卡无非是按照新的贫困标准做一轮识别。由于对建档立卡工作重要意义的认识不够，2014年数据的准确度并不高，此后中央、湖北省、恩施州和宣恩县都反复强调精准识别的重要性，动用了多重干预手段提升贫困识别的精度。经历了多轮的"回头看"和动态调整，金龙坪村逐渐摸清了村里的贫困底数。村党支部书记小薛介绍了建档立卡给村里的工作带来的改变。

以前说金龙坪村的贫困，我们只有面上的认识，但具体到每一户是什么情况并不是很清楚，相应地，扶贫工作也是大而化之。并且，之前几轮扶贫金龙坪村得到的政策（资源）不多，老百姓关注度也不那么高。在2014年甚至2015年的识别中，工作做得也不够扎实，不仅干部认识不够，老百姓也不理解这项工作。但随着2016年各项政策陆续开始实施，老百姓发现是不是建档立卡户待遇差别很大，这时候对贫困户认定就开始关注了。

建档立卡以后，村里面每一项扶贫政策都得按照建档立卡结果来执行，能否享受政策、享受多少政策，都是按建档立卡来。比如产业扶贫政策的落实、小额信贷的发放也都要与建档立卡的信息结合。前前后后我们搞了好几轮，起初干部和村民都觉得疲于应付，但真正做实了以后好处还是明显的，虽然说村民还是会对政策有更高的期待和要求，但我们开展工作是有依据的，矛盾就少了很多。还有一个大的变化，现在政策都落实细了，到户、到人，不会有哪一户是困难的但得不到帮助。[①]

可以说，通过建档立卡，建立起了国家精准扶贫对贫困人口开展有效扶持的"滴灌"管道。按照分类扶持的原则，扶贫工作与贫困户的实际需求建立起了直接的回应关系，较为有效地提高了政策供给对政策需求的匹配程度。[②] 如根据建档立卡的信息，

---

① 根据 2017 年 4 月 29 日访谈资料整理。

② 前文关于金龙坪村贫困状况和致贫原因的讨论中对其社区整体层面的贫困状况已有较为完整的分析，为避免重复，这一部分我们只介绍农户层面的建档立卡。

金龙坪村最终确定了"五个一批"的实践方略（见表 2-2）。

表 2-2　金龙坪村"五个一批"扶贫方案

单位：户，人

扶持方式	户数	人数
产业发展一批	202	740
易地搬迁一批	73	280
生态补偿一批	204	742
发展教育一批	58	173
社会保障一批	28	73

并且，建档立卡的过程也是重塑国家与农民关系、村干部与村民关系的过程，正是因为坚持了标准，坚持了程序，村"两委"的公信力逐渐树立了起来。而在疏导村民情绪、摆平村民意见的过程中，驻村干部和村"两委"坚持了技术治理和情感治理并重的策略，实现了整个过程的总体平稳有序，增进了干群之间的信任。这些都为有效的政策下乡奠定了基础。

二　立足特色，找准发展路子

建档立卡解决的是"扶持谁"的问题，同时也摸清了村里的贫困底数，有利于找准致贫原因，精准施策。接下来就是在建档立卡信息的基础上，广泛征求意见，找准发展路子，解决好"怎么扶"的问题。讲到"怎么扶"，入户摸底过程中村民最常说的是"自然是把路修好，把茶叶产业做起来"。的确，乡里其他的村这几年都靠发展茶叶产业挣到了钱，相比之下金龙坪村的产业依然十分薄弱，农业依然以粮食作物为主，制约了农户增收，村民对于交通不便给产业发展带来的制约有着强烈的感知。但不得不承认，这种理解和认识又是非常片面的，社区性贫困治理需要同时解决好村和户两个层面的问题，才能够实现高质量的稳定脱贫。在此意义上，精准扶贫精准脱贫基本方略为克服社区性贫困问题提供了科学有效的指引。具体来说，精准扶贫精准脱贫的基本方略对新时期的农村扶贫开发工作提出了新的要求，唯有切实践行精准方略，把村、户层面的贫困根源找清楚，对症下药、精准施策，同时形成合力，整体性改善社区发展的环境和内在能力，才能够真正起到拔穷根的作用。回顾起来，金龙坪村做精准扶贫规划可谓花费了一番大力气。村里经过多轮论证和酝酿，县里、乡里多次到村组织现场办公会，驻村工作队也发挥了非常重要的作用。金龙坪村的党支部书记给我们介绍了村里精准扶贫方案的主要内容和形成过程。

头几年村民包括我们干部都不太理解精准扶贫。想着能争取到资金把路修好就是最好的事情了，这样我们发展产业也就更有便利条件。我们进村入户去找农户填报信息，村民就问我们填这些信息能做什么、能给解决什么问题。后来政策逐渐明确了，要根据建档立卡信息搜集的情况来安排支持，哪些通过发展生产来脱贫，哪些享受教育扶贫和健康扶贫政策，都要以建档立卡信息为依据。经过几轮的"回头看"，我们这个信息搞准了。

村里的规划，我们花了很多工夫，县里、乡里、驻村干部都给了很大的扶持。村民最直接的愿望是把路修好，把有机茶种起来。但实事求是地讲，精准扶贫的内容要广得多，只说修路、种茶还是很笼统。就拿发展产业来说，就包括产业路建设、培育和扶持专业合作社、技术培训、品牌塑造、利益联结等内容。县领导、县扶贫办干部、乡镇领导多次到村里开现场会，听我们村"两委"和村民代表的意见，一起商议发展思路。

对我们村干部的培训也都讲了做好产业扶贫项目设计和其他项目设计要注意哪些事项。村申报项目离不开县里和乡镇的指导和支持，不然我们也做不好规划。县政协和省盐业公司也给村里带来了一些项目，特别是在协调落实方面花了很多工夫。①

经过多轮上下沟通，②金龙坪村最终确定了精准扶贫工作方案。

---

① 根据 2017 年 4 月 29 日访谈资料整理。

② 精准扶贫时期，为了增强国家政策供给对贫困村和贫困户差异化需求的精细化响应能力，中国扶贫开发管理体制中加强了县一级的资金整合能力及县以下层级在精准扶贫项目安排方面的权限。按照中央相关文件规定，精准扶贫项目实施村申报、乡审核、县审定、市州备案的管理体制。在这一制度安排下，村一级需要结合自身资源禀赋、特色优势、减贫需求，提出拟建设项目，乡镇要对申报项目的真实性、必要性以及建设内容、资金概算、预期效益、贫困群众参与情况和带贫机制等进行审核，审核后在乡镇公示，报县级项目主管部门。县级项目主管部门要对乡镇报送项目的科学性、合规性、可行性进行论证，县级扶贫办结合脱贫攻坚规划及资金计划，汇总后合理确定项目库储备规模。县级扶贫开发领导小组负责本县脱贫攻坚项目库的审定，经公示无异议，将符合条件的项目纳入项目库并予以公告。在具体运行中，由于县乡政府会指导村一级论证和申报项目，驻村工作队和帮扶单位则立足自身特点一方面联结资源，另一方面做好与乡镇、相关行业部门、扶贫部门的沟通，在国家精准扶贫政策体系的框架之下，结合村里实际争取资源。金龙坪村的规划，一方面是基于建档立卡数据和广泛征求村民、村民代表意见，另一方面是在县乡指导下，通过召开多次现场会、工作调度会而逐渐形成的。

一、建设内容

（一）发展生产

以有机茶叶种植、清洁生猪养殖、生态文化旅游为方向，形成茶叶观光农业园。

（1）新建茶园200亩，种植油茶300亩，实现全村茶叶产业全覆盖。

（2）发展"4050"模式生猪养殖20户，生猪养殖大户1户。

（3）新建金龙坪村至三河沟村茶叶基地产业路7.6公里，改扩建组级产业路17.7公里。

（4）建立农民有机茶专业合作社1个。

（二）基础设施建设

（1）公路建设：重点建设金龙坪村至三河沟村茶叶基地产业路7.6公里，改扩建组级产业路17.7公里。

（2）水利建设：改善农户安全饮水条件（一组、二组、五组、六组、七组、八组、九组、十组），建设凤凰台集中供水池1口，安装主引供水管4000米，入户管34500米，解决899人的安全饮水问题。

（3）改造全村电网，新增7台变压器，总数达到 10 台。

（4）修建文化活动广场 300 平方米，并配备相应的体育健身器材。

二、科技培训

通过"走出去"和"请进来"的方式进行农民实用技术培训和科技培训 800 人次。

三、结对帮扶

通过各单位、各部门、各企业工作队一对一结对帮扶措施，每个县直单位结对帮扶 2 户，共帮扶 10 户直至脱贫。

四、阵地建设

投资 42 万元，新建村委会办公场所、村卫生室及村老年活动中心。①

不难发现，金龙坪村精准扶贫项目规划涵盖了基层组织建设、基础设施建设、产业发展、技术培训等

---

① 资料来源于金龙坪村精准扶贫项目规划。需要说明的是，金龙坪村精准扶贫项目规划是分步实施的，并且在该村成功实现脱贫出列以后，按照中央"四不摘"的政策部署，后续仍有项目跟进，时至今日所实施项目已然超过了这个规划涉及的内容，特别是随着金龙坪村社区治理水平的提高，在县乡政府的努力下，成功实现招商引资，引进一家生态农业投资公司落户金龙坪村投资开发"金龙谷生态康养"项目，目前已经签订投资合同，预计投资 2 亿元。当然，整个过程中，所有项目的酝酿和安排都需要严格按照"脱贫攻坚项目库"管理方式论证、立项和管理实施。

图2-3 金龙坪村精准扶贫项目规划

（金龙坪村课题组拍摄，2018年12月）

多方面的内容，总体上形成了社区减贫与发展的综合性规划。

同时，特别需要说明的是，在项目论证和实施过程中，都非常明确要求与建档立卡信息的结合，形成对建档立卡贫困户的有效带动。按照"五个一批"的精准施策方略，金龙坪村在精准扶贫项目规划中明确了要通过产业发展带动脱贫一批，为202户740人；通过易地搬迁带动脱贫一批，为73户280人；通过生态补偿脱贫一批，为204户742人；通过发展教育脱贫一批，为58户173人；通过社会保障兜底一批，为28户73人。

三 夯实"堡垒",提升基层组织能力

"五个一批"解决的是如何立足本村减贫发展需求形成有效减贫政策方案的问题。但无论是从社区性贫困治理的理论出发,还是从精准扶贫村级实践经验观察出发,都会发现,精准扶贫的内涵不仅包括直接的建设项目和帮扶政策,还涉及对贫困村社区治理诸方面软实力的提升。其中,加强基层党组织建设,夯实一线"战斗堡垒",无疑是最为重要的问题。

前文已述,金龙坪村的贫困需要从"多重边缘性叠加"的视角来理解,而这其中基层组织能力弱是关键因素之一。具体来说,在精准扶贫以前,金龙坪村村委会甚至没有合适的办公场所,临时借用了村小学搬迁后留下来的教室,村级组织运行经费也十分紧张。由于村里面经济发展水平较低,难以留住青年人才,村干部年龄结构普遍偏老,甚至有村干部放弃职位外出务工的情况发生。此外,由于多重复杂因素,部分村民对村干部的认同度不高,干群之间的关系亦较为疏离。整体来说,该村属于典型的"薄弱涣散村"。以前在金龙坪村当党支部书记、后来通过公务

员考试到乡镇工作的常主任感慨道，"基础设施建设项目，老百姓支持，那么一个村花四五百万都不是问题，假如你这个工作做不下去，比如路修不下去，工作做不来，那么一分钱也没有"。[1]

在精准扶贫时期，县、乡政府高度重视提升"薄弱涣散村"的基层组织凝聚力与战斗力，万寨乡领导、包村干部主抓，借村委会换届的机会调整了村级班子，形成了一支年富力强、朝气蓬勃的干部队伍。通过干部培训、定期交流，村干部对精准扶贫工作的认识和理解逐步增强，工作能力明显提升，特别是下派第一书记和驻村帮扶干部，迅速与村"两委"干部形成了有序分工，落实责任，为各项工作的推动落实提供了有力、有效的组织保障。同时，通过落实村级议事决策相关制度、落实精准扶贫标准和程序，做实村级党建工作，村级权力运行规范性不断增强，赢得了村民的认可。为了解决村级服务阵地建设问题，争取42万元资金用于村委会办公场所、村卫生室和村老年活动中心建设，此外驻村工作队带来的部分帮扶资金能够更加灵活地响应村民所需，逐渐密切了与村民之间的情感联系。几年来，村

① 根据金龙坪村访谈资料整理。

级组织能力显著增强，在村民中的口碑逐渐建立起来，这些工作成果也逐渐传导到吸引政策下乡、资本下乡等方面，金龙坪村的发展面貌为之一新。在后文中，我们将进一步介绍这方面的内容，并讨论其学理意义。

第三节　金龙坪村精准扶贫的主要成效

调研中，金龙坪村的村干部感叹，之前扶贫扶了多年，但金龙坪村得到的扶持非常有限，始终还是那么穷。这几年村里变化这么大，真得感谢国家的精准扶贫政策好。回溯金龙坪村几十年来扶贫工作的历程，此言非虚。正是在国家脱贫攻坚强有力的投入支持下，金龙坪村村民期盼多年的脱贫梦想得以实现。我们看到，几年的精准扶贫工作给金龙坪村带来了多方面实实在在的改变，不仅体现在有形的经济与社会基础设施、产业发展等方面，还体现在基层组织凝聚力和战斗力、干部群众精神面貌等方面。

一　金龙坪村精准扶贫工作的直接成效

首先，基础设施落后状况有了较大程度的改善，制约金龙坪村产业发展的基础设施短板快速补齐。在道路建设上，通村路、村级循环路、产业路的修建基本完成，完成了通往县城的通村路硬化，新建金龙坪村至三河沟村茶叶基地产业路 7.6 公里，改扩建组级产业路 17.7 公里；在安全用水上，蓄水池修建和管网建设的大面积铺开基本解决了金龙坪村的饮水困难问题，目前村内共有新旧蓄水池 41 个，平均每 7 户家庭享有一个蓄水池，每家每户都能用上管道来水；在电网改造上，前后投入 700 多万元为金龙坪村装配变压器，金龙坪村电网改造升级全线完成，改造完成后，金龙坪村基本未出现过断电、停电现象，各合作社和加工车间、作坊能全负荷运行。

其次，有机茶产业快速发展，已经形成初步规模，通过利益联结机制建设对农户稳定脱贫形成了有力支撑。从建档立卡的数据分析来看，金龙坪村多数的贫困人口可以通过发展生产、扶持就业的方式实现脱贫，通过优化政策环境，让市场有效运转起来，从而带动贫困人口脱贫增收，这仍是重要的减贫策略。

金龙坪村目前主要有三种产业，即产业养蜂、林下养鸡和有机茶种植，因为养鸡多为散养，只有一户成规模，所以村里只有养蜂合作社和茶叶合作社。金龙坪村发展的有机茶产业属生态环境友好型产业。金龙坪村 2015 年通过县政协的帮扶资金承包了一块地，建了一个养蜂屋，有机茶花没有农药残留，天然适合养蜂，并且养蜂的管理成本低、风险小。目前村集体正打算申请经费，通过"以奖代补"的形式增加蜂箱的数量，鼓励老百姓养蜂。有机茶叶种植是金龙坪村的主导产业，也是农户增收的主要途径。万寨乡政府立足于全乡的产业发展，在全乡提出了打造"龙头企业＋专业

图 2-4　金龙坪村的茶叶专业合作社

（金龙坪村课题组拍摄，2018 年 12 月）

合作社＋农户"的产业联结体系，协调运用政府、市场和社会三种机制提升贫困村、贫困户的"造血"能力。按照乡政府的产业结构设计，在金龙坪村村"两委"和驻村工作队通力合作下，金龙坪村已基本构建了主导产业的产业联结网络。2014年金龙坪村的茶叶种植规模为1100亩，到2017年达到1800亩，日产鲜叶达到3万斤，90%的茶叶以订单式销售的方式出口国外。茶农年收入已近500万元，茶叶已成为金龙坪村的主要收入来源，基本满足脱贫需要。此外，生态补偿方面，对于金龙坪村中有林地的贫困户，按每亩12.7元给予补助，不过金龙坪村按总面积平均下来每人只有几亩林地。除了补助之外，金龙坪村还配了两个护林员，护林员每年有4000元工资，这是专门针对建档立卡贫困户的公益性岗位，每年做一些巡山、防火等方面的工作。

最后，健康、教育、社会保障等公共服务体系迅速完善。社会保障兜底方面，金龙坪村目前有低保户30户79人，"五保户"5户5人，其中一名在福利院集中供养；在教育兜底方面，根据教育部的助学补贴标准，学前教育阶段按每生每年1000元的标准发放助学金。小学、初中、普通高中、中职教育阶段均免除学费，按小学每生每年 1000 元、初中每生每年 1250 元的标准补助生活费，按普通高中每生每年 2500 元、中职每生每年 2000 元的标准发放国家助学金。符合政策的可同时享受"雨露计划"。2017 年新入学的一本大学生每生一次性资助 2 万元，二本大学生每生一次性资助 5000 元。符合政策的可同时享受"雨露计划"（每生每学期补助 1500 元）和生源地信用助学贷款（在校期间财政全额贴息）。目前金龙坪村一人考上一本、两人考上二本，均已享受相关政策，适龄学生全部在学。

精准扶贫以来，金龙坪村的扶贫开发进程加快且成效明显，发展至今金龙坪村各项基础设施建设已基本完善；主导产业茶叶的种植已有一定的规模，管理规范，品质较佳，销路稳定；村民收入水平显著提升，生活居住条件明显改善。金龙坪村扶贫开发取得了重大成效，目前金龙坪村已通过县、州两级的脱贫初审，正在等待国家层面的验收。

二 精准扶贫对金龙坪村产生的溢出效应

精准扶贫的直接目标在于消除农村绝对贫困现

象，稳定实现"两不愁、三保障"的既定目标。在实现这一目标的过程中，国家对贫困乡村实现了全方位的重塑。一方面，通过加大财政投入和政策扶持力度，建立与脱贫攻坚目标相适应的投入体系，确保各项政策目标能够有效实现，补齐制约贫困村发展的经济和社会基础设施短板；另一方面，为确保"两不愁、三保障"目标稳定高质量实现，加强了对村级组织建设和乡村治理的指导，通过抓党建促脱贫、密切党群干群关系、移风易俗等工作，贫困村总体面貌为之一新，为2020年后实现全面振兴积累了经验、奠定了基础。具体来说，精准扶贫给金龙坪村带来的溢出效应体现在如下几个方面。

其一，村级组织凝聚力、战斗力明显增强，干群关系显著改善，社区治理水平明显提升。可以说，抓党建促脱贫是确保精准扶贫精准脱贫基本方略得以贯彻落实的重要举措，在同一过程中，国家也完成了对基层组织党建水平的提升，实现了村级权力的规范化运转。并且，在精准扶贫过程中，基层干部特别是村干部走村入户，了解村民的困难与需求，积极协调资源有效回应，增进了村民对村级组织的信任，进而也密切了干群关系。在后文中，我们将会结合金龙坪村有机茶产业发展的案例，进一步阐明这些加强党建引领促进社区治理的做法有效地降低了政策下乡和产业发展的交易成本，促使村落发展步入快车道。特别是，一些长期困扰金龙坪村的问题在脱贫攻坚阶段得到了有效解决，并且形成了富有活力的村级治理体系，能够及时有效地迎接外部发展机遇，促进社区内在团结。

其二，制约村落发展的短板因素快速补齐，村落可持续发展内生动力显著增强。精准扶贫时期，从国家顶层设计层面打破了地方发展体制的旧有格局，强调要通过政策下乡补齐全面建成小康社会的突出短板，改变贫困村和贫困户的发展面貌。正是在这一时代背景下，类似金龙坪村这样的贫困村落才能够走出之前在县域发展版图中的边缘地位。而随着精准扶贫决策部署在村级层面展开，之前制约村落特色优势发挥的短板因素得以快速补齐。以金龙坪村的有机茶产业发展为例，正是在国家精准扶贫政策的支持下，产业发展的基础设施、服务体系、产业链条才逐渐完善起来。并且，我们看到，在金龙坪村的案例中，精准扶贫的实践不仅促进了产业高质量发展，而且系统性地改善了社区发展环境和治理水平，也改变了村民的观念，为村落可持续发展打下了坚实基础。课题组在后续的跟进调查中发现，脱贫出列以后，金龙坪村毫不松懈，持续推进各项事业发展，取得了很好的成效，目前新一轮村落发展规划已在落实中，2020年还成功引进一家生态农业投资公司落户金龙坪村投资开发"金龙谷生态康养"项目，目前已经签订投资合同，预计投资2亿元。几年间，金龙坪村新增汽车60余辆，新修楼房30余栋，群众的生活水平、生活质量上升了，矛盾纠纷等也随之减少，社会综合治理水平得到了提高，真正步入"生态优先、绿色发展"的致富快车道。

其三，造就了一支懂农村、爱农业、爱农民的农村工作干部队伍，为乡村振兴积累了人才。脱贫攻坚和乡村振兴，人才是根本。现代化过程中的乡村衰败，人才空心化是重要表现，也会进一步制约乡村发展和振兴。做好精准扶贫工作，不仅要熟悉扶贫工作的理论和方法，还要深入了解农村、农业和农民，这一过程中无论是村"两委"干部还是第一书记和驻村工作队，通过持续扎根农村，掌握了新阶段推动农业产业现代化发展、做好农村工作、保护和实现好农民利益的路径与方法。可以说，脱贫攻坚的战场也是锻炼农村工作干部的熔炉，正是在这个过程中，扶贫干部（包括县乡相关部门干部、第一书记、驻村工作队、其他帮扶干部、村"两委"干部等）加深了对农业农村工作的认识和了解，增进了与农民的感情，更体认到习近平总书记以人民为中心发展理念的深沉厚重情谊。毫无疑问，脱贫攻坚战场的锤炼和磨砺，为全面实施乡村振兴战略积累了宝贵的经验，锻炼了人才队伍。

第三章

档案下乡：建档立卡的村级实践

2014 年，被誉为精准扶贫"一号工程"的建档立卡工作在全国范围铺开，[①]当年 10 月实现了数据全国并网，这意味着中国扶贫工作领域第一次形成了全国范围的减贫大数据。在精准扶贫的治理体系中，建档立卡解决的是"扶持谁"的问题，是整个脱贫攻坚工作的基础性环节。只有通过扎实的建档立卡工作，找准贫困对象，分析致贫原因，才能确保后续的政策安排能够对贫困村和贫困户的减贫与发展需求有更好的回应。然而，从村一级实践层面来看，建档立卡的减贫大数据生产过程，深刻地嵌入当地社区结构和权力文化网络，信息生产是充满竞争和博弈的领域。与全国

① 《攻坚特困地区　推进精准扶贫——2014 年扶贫开发工作综述》，新华网，2015 年 1 月 29 日。

其他贫困村相类似，金龙坪村在建档立卡之初，识别的精准度并不理想，此后经历了多轮的"回头看"和动态调整，国家力量多举措介入社区信息生产过程，逐渐提升了贫困识别的精度。在本研究中，我们希望在借用调研资料还原金龙坪村建档立卡工作开展过程的基础上，讨论如下两个方面的问题：其一，脱贫攻坚时代，中国如何解决贫困识别的"世界性难题"；其二，以建档立卡经验表达的档案下乡对于规范村级权力运转、重构国家与农民关系所产生的巨大价值。在本章接下来的部分，我们将首先从宏观层面阐释建档立卡这一精准扶贫"一号工程"的背景与意义；其次结合金龙坪村的案例，探讨是何种因素、何种机制形塑了建档立卡的村级实践及其在各个阶段所取得的成果；最后，分析和讨论建档立卡工作对村级精准扶贫工作及村级治理所产生的诸方面影响。

第一节　精准扶贫的"一号工程"

从国际减贫治理实践来看，贫困瞄准（poverty

targeting）称得上是全球性的难题。目前国际通行的贫困瞄准（识别）方式主要有自上而下的家计调查法（Means-Test）和自下而上社区方法（Community Method），前者主要依靠福利官员对福利申请者信息的采集和把关，后者则主要是通过社区参与式评议的方式"票选"出贫困者。然而，相关研究表明，这两种识别方式的精度都不高，天花板在 60% 左右。[①] 换言之，有接近 40% 的贫困人口是没有被有效识别的，这包括"弃真"和"纳伪"两类错误。显而易见，低精度的贫困瞄准必然会影响到减贫政策的设计质量和资源分配的正义性，进而对贫困治理的绩效产生影响。长期以来，中国扶贫开发工作亦一直困扰于底数不清、情况不明的问题。由于无法准确掌握基层贫困信息，特别是缺少家户层面的准确信息，贫困治理面临多方面的制约。一是，政策需求的清晰度低，决策层面只能基于抽样调查的"平均描述"来做出政策部署；二是，政策执行的过程缺乏有效的监控，地方政府和基层行动者在信息阐释、政策传递诸方面拥有巨

① Vivi Alatas, Abhijit Banerjee, Rema Hanna, Benjamin A. Olken, and Julia Tobias, "Targeting the Poor: Evidence from a Field Experiment in Indonesia," *American Economic Review* 102(2012): 1206–1240.

大的自由裁量权，并且这种自由裁量权存在被俘获与滥用的风险；三是，难以建立起有效的成效评价和激励机制。党的十八大以来，为适应新时期中国农村减贫形势的变动和高质量打赢脱贫攻坚战的要求，习近平总书记提出了精准扶贫精准脱贫基本方略，它是国家贫困治理体系调整的理念基石和根本遵循。实践层面，解决好精准识别的问题自然成为最为基础性的环节，同时也是最为重要的环节。

回望中国扶贫开发工作走过的历程，不难发现，在 30 多年的实践中，中国贫困瞄准的重心不断下沉。20 世纪 80 年代中期，中央成立了专责推进经济欠发达地区发展工作的领导小组（为国务院扶贫开发领导小组前身），当时采取的做法是以片区为单元，解决区域性贫困问题，即在全国范围识别出 18 个贫困地区，采用中央财政投入配合特惠政策扶持的方式助推这些地区发展。此后，识别重心下沉到县一级，依据一定标准在全国范围识别了 386 个国家扶贫开发工作重点县。国家"八七"扶贫攻坚期间，调整了国定贫困县的名单，总量为 592 个。《中国农村扶贫开发纲要（2001~2010 年）》实施期间，为了配合"一体两翼"的减贫方略，实施以社区为单元的整村推进式扶贫，国务院扶贫开发领导小组办公室明确了"识别到村"的贫困识别方式，在全国范围识别出 14.2 万个贫困村。"识别到村"的做法无疑为更有效的减贫资源配置提供了依据，但仍然面临着一系列的挑战，特别是难以有效指导和监督基层行动者在政策执行中的行为与影响。尤其是，在资源总量有限，同时缺乏明确绩效标准的情境下，地方政府倾向于将资源使用在那些容易见效、容易出成绩的村庄，而类似金龙坪村这样的深山贫困村实际上很难得到各项资源。[①]另外，资源在社区层面的分配，亦往往被社区既有的利益结构所影响，尤其是精英群体凭借自身优势地位，能够俘获更多的资源，而原本就边缘和弱势的贫困农户实际得到的扶持非常有限。

鉴于此，中国政府在新千年之初就尝试推动到户、到人的建档立卡工作，并在新疆和田、喀什等地试点，取得了一些经验，但总体范围和效果都比较有限。金龙坪村所在的恩施州于 2005 年开始也着手推动了建档立卡工作，希望通过对农村贫困户建档立卡，摸清贫困人口的底数，明确扶贫开发的对

---

① 吕方：《治理情境分析：风险约束下的地方政府行为——基于武陵市扶贫办"申诉"个案的研究》，《社会学研究》2013 年第 2 期。

象、范围，明确扶贫工作的方向、目标，为制定下一轮扶贫开发政策提供依据。同时，建档立卡对象为 2004 年农村人均纯收入低于 668 元的极端贫困户、人均纯收入在 668~924 元的低收入贫困户以及民政救济户。但受制于多种因素，虽然一些乡镇和村建档立卡工作确实做得比较扎实，但整体上识别精度还是不尽如人意。

为了做好全面建成小康社会背景下扶贫开发工作，习近平总书记提出了精准扶贫精准脱贫的基本方略。按照这一治贫方略，做好建档立卡工作、摸清贫困底数无疑是基础性的环节，只有准确掌握了贫困底数，才能为政策安排提供科学基础，从而有利于扶贫资源的投入和监管，亦有利于精细化贫困治理能力的提升。为此，2014 年，《关于印发〈扶贫开发建档立卡工作方案〉的通知》（国开办发〔2014〕24 号）和《关于印发〈建立精准扶贫工作机制实施方案〉的通知》（国开办发〔2014〕30 号）两个重要文件相继出台，在全国范围启动了被称为精准扶贫"一号工程"的建档立卡工作。[1] 从具体实践来看，精准扶贫

① 《攻坚特困地区　推进精准扶贫——2014 年扶贫开发工作综述》，新华网，2015 年 1 月 29 日。

的"一号工程"，不是毕其功于一役的，而是经历了几个前后相继的阶段。2014年10月，建档立卡数据实现了全国并网，中国减贫治理第一次形成全国范围的减贫大数据。但从各地情况来看，2014年全国范围的第一轮建档立卡数据准确度并不是很高，其原因既包括政策设计本身，也包括政策执行过程受到了干扰，后文我们将结合金龙坪村的案例进一步地阐释。此后，为了提升建档立卡数据质量，中央和各省、市、县自上而下布置了多轮的精准扶贫"回头看"，综合运用大数据比对、暗访抽查等多种手段，反复校对、核实建档立卡信息，最终实现了高质量的贫困识别。

高质量完成建档立卡"一号工程"，为国家贫困治理体系现代化提供了坚实的信息基础，特别是基于建档立卡信息可以有效增强国家减贫政策对贫困村和贫困户多元化、差异化需求的响应能力。而从社区性贫困治理来看，建档立卡工作的顺利完成，则为有效规范村级权力运行、破解既往政策下乡过程中遇到的诸多难题提供了保障。同时，在接下来对于金龙坪村案例的介绍中，我们还将进一步展现，完成好建档立卡工作的过程本身，也是重塑村"两委"权威、重塑干群关系和重构社区权力结构的过程。

第二节 建档立卡的村级实践

建档立卡是全面建成小康社会时期推动国家减贫治理体系现代化以确保打赢脱贫攻坚战的关键，也是国家自上而下推动档案下乡、规范村级权力运转、重塑乡村政治生态和社会秩序的努力。金龙坪村的案例集中呈现了建档立卡在村一级的实践。在初期阶段，与全国其他贫困村相似，金龙坪村建档立卡数据质量不高。但经历了多轮"回头看"和动态调整以后，识别准确率有了显著提升。金龙坪村的案例为我们观察档案下乡的社区实践提供了有效的样本，在其中不仅可以了解到作为实践过程的精准识别，更能清晰地观察到档案下乡给社区治理带来的变化。

一 再遇建档立卡

2014 年 4 月，按照国务院扶贫办的要求，结合本省实际，湖北省扶贫办下发了《关于印发〈湖北省农村扶贫开发建档立卡工作方案〉的通知》（鄂政扶发〔2014〕13 号），部署各县市扎实开展建档立卡工作，文件同时明确了湖北省建档立卡工作的开展方式和认定标准。从结果来看，2014年金龙坪村的识别成果与大多数地区类似，精确度不是很高。在后续"回头看"建档立卡审计工作中发现，有一定数量的"硬伤户"被纳入建档立卡贫困户，而同时亦存在家庭确实困难但没有被纳入的情形。大致而言，导致这一问题的原因是多方面的，既有当时政策体系不够完善和成熟的因素，也有基层干部认识不够、工作不到位的因素。

首先，建档立卡工作的政策设计还不够完善。2014年建档立卡工作的开展主要依据的是国开办发〔2014〕24号文件，文件中关于建档立卡工作开展的标准和程序有如下的说明：就标准来说，主要依据的是收入标准，即以2013年农民人均纯收入2736元（相当于2010年2300元不变价）的国家农村扶贫标准为识别标准。同时，明确各省、自治区、直辖市在确保完成国家农村扶贫标准识别任务的基础上，可结合本地实际，按本省区市标准开展贫困户识别工作，纳入全国扶贫信息网络系统统一管理。不得不承认，农村经济本身的属性决定了在农户层面核定收入是存在一定困难的，尤其是在缺乏更细致的识别标准前提下，基层工作实际上很难掌握尺度。从识别程序来讲，

2014年建档立卡工作确定了规模分解、初选对象、公示公告、结对帮扶、制订计划、填写手册、数据录入、联网运行、数据更新等九个程序。其中，规模分解是根据总体规模控制，然后各省区市将贫困人口识别规模逐级分解到行政村的做法。虽然规模分解过程按照一定的公式来测算各县乡村的贫困人口规模，这种做法总体保证了各省区市贫困人口总量符合实际情况，但自上而下分解的过程及其结果客观上导致了各村所获得的指标未必与本村真实贫困状况相一致，加之规模计算所需相关计算指标的采集都是由各地统计部门提供，其准确性也存在一定的限制，并受到地方政府偏好的影响。

其次，基层干部群众对建档立卡工作的重要意义认识不足。实际上对于恩施州来说，建档立卡工作很早就开始了探索，大概是 2005 年，恩施州就全面启动了农村贫困人口的建档立卡工作。① 此后, 2008 年,

---

① 根据恩施新闻网 2005 年的一则报道，2005 年 9 月 27 日，恩施州召开农村贫困户建档立卡工作会议，该市农村贫困户建档立卡工作全面启动。在该次工作会议上，强调了"农村贫困户建档立卡是一项基础性工作，是制定下一轮扶贫开发政策的重要依据。通过对农村贫困户建档立卡，可以摸清贫困人口的底数，进一步明确扶贫开发的对象、范围，明确扶贫工作的方向、目标。这项工作有利于扶贫开发的政策、措施真正落实到重点村、贫困户"。由此亦可见，精准扶贫时代，在习近平总书记关于扶贫工作重要论述指引下，中国扶贫开发解决了长期以来都想解决但没有解决的那些制约中国国家贫困治理体系理性化、现代化的难题。

为了配合扶贫开发与农村最低生活保障两项制度衔接工作，也开展了一轮建档立卡。2012年，恩施州为推动扶贫到户，也曾部署实施过建档立卡。然而，不得不承认，过去的建档立卡实际上对传统的扶贫方式影响十分有限。因此，在2014年国家部署精准扶贫建档立卡的时候，无论是当地干部还是村民对于精准扶贫的理解和认识都不够，沿袭着对扶贫工作的旧有思维惯式，认为精准扶贫无非是像以往一样只是给村里拿出一点资金，能解决多少问题就解决多少问题，而对于金龙坪村这样的深山贫困村，投入就更是非常有限。当地干部对2014年的工作进行了以下反思。

因为在前几年，我们也搞过建档立卡工作，我们的理解是通过建档立卡能够把村里的（贫困）情况反映上去，然后可以争取到更多的扶持。新一轮建档立卡开始的时候，我们认识很不够，认为还是跟过去一样，填报一下就可以。我们当时就到各家各户调查房子、家用电器、人口结构、教育、医疗等情况，发放问卷然后回家自己填，填了之后交上去，他们录入系统，录入之后，它有系统评分。

然后我们村就有一个分值评出来了，分值评出来后就由上而下框指标。比如说我们宣恩县是1万个指标，到万寨乡，1000个指标，到金龙坪村，100个指标，它就是这样分的。我们村里分了278户，因为跟着分值，而且它当时也是跟着所有人的分值一起，比如说我们全县30万人口，你取8万的贫困人口，就取是不是，然后就跟考试一样的，取分值的前8万名，就是这样来取的。后来国家（关于建档立卡）的要求逐渐明确了，但建档立卡以后怎么扶持还不是很清晰。因此，入户填报的时候，老百姓对此也有抵触，问我们扶贫干部，填这个有什么用？一开始的时候，也存在填报下功夫不够的问题。比如有的农户常年在外，联络不上，或有的农户不好打交道，信息采集核实工作就做得不够。还有就是对致贫原因分析不够，大而化之，工作不细。[①]

最后，还存在影响建档立卡识别准确性的其他因素。除了建档立卡的识别标准还需要进一步明确、规范，基层干部群众对建档立卡工作重要性的认识不足

① 根据2017年4月29日访谈资料整理。

以外，还存在其他一些因素对建档立卡识别的准确性产生影响。从社区层次来看，村一级往往期待对争取到的各类资源拥有使用上的更大自主性，特别是在各部委纷纷加强项目专项化管理的背景下，基层期待以各种可能的方式获得对资源使用的影响力。例如，在填报相关信息的过程中，通过策略性的行为将自身的意志掺杂到建档立卡的过程中。实际上，这些活动并不是都能够用精英俘获来概括，在村一级的治理中，村级公共财力与村级治理能力有着直接的联系，如果村一级没有可供"灵活支配"的资源，那么就难以响应村民那些零散但紧迫的需求，也难以较好地弥合社区的分歧和裂痕。① 此外，在建档立卡之初，村民对精准扶贫工作究竟如何开展，建档立卡后续会有什么政策支持也不清楚，因此在 2014 年和 2015 年建档立卡过程中，在入户填表的时候，无论是干部还是村民都颇有些抵触情绪，尤其是在后续政策扶持不够明朗的时期，对建档立卡数据的多次核实、修正让基层干部和村民都颇感疲惫、倦怠。随着国家层面脱贫攻坚顶层设计逐渐明晰，各级党委政府对做好精准扶贫工

第三章 —— 档案下乡：建档立卡的村级实践 ——

① 吕方、苏海、梅琳：《找回村落共同体：集体经济与乡村治理——来自豫鲁两省的经验观察》，《河南社会科学》2019 年第 6 期。

作重大意义的认识不断加深，对精准扶贫工作方法的理解和掌握不断增强，特别是农户层面的政策认知和权利诉求越来越强烈，提升建档立卡数据准确性就成为更加紧迫的问题。

二 提升建档立卡质量

2014 年建档立卡数据质量不高，引起了中央和各省区市的高度重视，为了进一步做好建档立卡工作，中央和各省区市部署了多次建档立卡"回头看"工作，综合运用"大数据比对""暗访抽查"等技术手段，多管齐下，督促基层切实做好做实建档立卡工作。特别是在 2015 年和 2016 年，党政脱贫攻坚成效考核以及后来的脱贫攻坚退出考核中，将"两率"[①]作为最核心的指标来评价。在中央和省里的高度重视和督查之下，各市（州）、县，直至基层乡村，对新时期建档立卡工作的重要性逐步有了更深入的认识，特别是为了做好这项工作，各省、市、县组织了多次

---

① "两率"指的是脱贫攻坚考核中"三率一度"中的"漏评率"和"错退率"。党的十八大以来，特别是 2015 年中央扶贫工作会议以来，中央加强了对各级党委政府的脱贫攻坚成效考核，各年度考核指标会根据脱贫攻坚形势与任务的变化做出相应调整。

直达驻村工作队、村干部的精准扶贫建档立卡专题培训。这一方面进一步提升了干部认识，另一方面帮助其掌握了工作方式和方法。

以湖北省为例，2014年底建档立卡数据并网之初，湖北省就部署了"回头看"工作，要求各级提升认识，切实做好精准识别。2016年，中央扶贫工作会议以后，中国扶贫开发进入脱贫攻坚阶段，按照中央统一部署，湖北省先后出台了《关于加强扶贫开发建档立卡数据管理的意见》（鄂扶组发〔2016〕11号）、《关于印发湖北省贫困人口精准识别专题审计整改工作方案的通知》（鄂扶组发〔2016〕13号）、《关于开展贫困人口动态调整的通知》（鄂扶组办发〔2017〕16号）等政策文件，专门部署落实建档立卡数据质量提升工作。这些文件从工作任务、识别标准、人口规模、规范程序、数据比对、应急机制、时间节点、组织领导等方面，对贫困人口精准识别和动态调整工作进行了总体部署，明确了精准识别的有关政策口径。其中，尤其要以鄂扶组办发〔2017〕16号文件为基本遵循。2016年和2017年几个文件中，特别明确了建档立卡要实行"负面清单"制度、通过大数据比对来发现问题，明确了建档立卡责任制，特别是明确了县、乡、村党委的主体责任。

中央和省里高度重视，也推动地方加强了精准识别方面的工作，纷纷出台了细则，自我加压，开展多轮"回头看"工作。在宣恩县，按照省和州的部署，至少开展了四轮精准扶贫"回头看"。在"回头看"和动态调整的过程中，宣恩县扶贫开发领导小组明确了实事求是、应纳尽纳的工作原则，即不怕触碰利益、不怕触碰矛盾，工作一定做实做细，不符合条件的一律不纳入，确实困难的一户不能少。密集的政策部署和督查督办，压力直接传导到村一级，责任直接明确到驻村工作队和村委干部。对照宣恩县建档立卡工作要求，金龙坪村在提升建档立卡数据准确性方面花费了很大力气，具体来说主要包括以下两个方面的工作。

其一，坚持标准、坚持程序、公正公开。随着精准扶贫工作的推进，尤其是2015年中央扶贫工作会议以后，脱贫攻坚的顶层设计四梁八柱搭建完成。精准识别的标准与方法更加明确，按照中央"两不愁、三保障"的要求，省、市、县的文件中进一步明确了识别的标准和程序。对照这些标准和程序，金龙坪村按照"农户申请—摸底核实—开会表决—公示公告—确定上报"的程序开展识别工作。具体来说，通过广泛宣传精准扶贫政策，让村民了解到自身的权益，然后村民结合自身家庭情况提出申请并上交村委会。贫困户提出申请以后，驻村干部和村"两委"干部针对贫困申请书情况走访调查，了解申请理由是否属实，同时听取群众的意见建议，对于重点人群、重点对象做到心中有数。之后，召开村"两委"会议、党员大会、村民代表大会讨论研究、投票表决贫困户。最后，对于表决结果公示并上报扶贫部门。①

图 3-1　金龙坪村建档立卡贫困户公示

（金龙坪村课题组拍摄，2018 年 12 月）

　　　① 根据金龙坪村提供的汇报材料整理。

其二，自查自纠、精确研判、做好疏导。按照宣恩县和万寨乡的部署与要求，金龙坪村围绕提升建档立卡数据准确性开展了多轮自查自纠的"回头看"工作。主要涉及贫困人口识别程序是否合理、人员是否精准、有无人口遗漏等情况。同时，结合国家大数据比对进行了认真的整改。整改过程中，结合比对的问题线索，入户核查，听取当事人及周边群众意见，认真核实并结合政策开会研判，对于特殊现象及时研判上报，确保系统内贫困人口无一硬伤。在金龙坪村的集体访谈中，村干部介绍，几轮"回头看"过程中还是发现了一些问题，也遇到了一些新的矛盾。

"回头看"过程中，发现了之前工作的一些疏漏，我们都做了及时的调整。比如有一户属于有女儿外嫁户籍未迁出被纳入贫困人口的情况，我们根据走访核实结果及时上报，做到了应减尽减。再比如有的农户为了享受政策，明明子女条件较好，但将老人单独立户提交贫困申请，村"两委"及驻村工作队及时开会研判，村委会严把户籍拆分审批关，同时派出干部到该子女家庭去为其讲解政策及赡养义务等，引导其转变"以贫困为荣"的思想观念。

我们按照大数据比对线索进行了核实，剔除了一些"硬伤户"，同时结合我们入户核查情况增补了一些漏评户。大数据给我们列了几个标准，第一个就是在城里买房的，第二个就是有车的，第三个就是经商办企业的，第四个就是公务员，事业单位、国企员工包括国家供养人员，这些家属就不能作为贫困户，这就下了几个硬指标。那时候我们村里又组织开会，把"硬伤户"剔出来，而且当时提出要保持增减平衡，就是要保证系统里面的数据变动不要太大。当时我们又组织了一次"回头看"，把很多"硬伤户"剔出来。但我们也遇到了一些困惑，比如村民张某购买了大额养老保险，按照政策不应该纳入建档立卡系统，但是张某因突发疾病，花费了大额医疗费导致家庭陷入贫困。对于这类情况，驻村工作队及村"两委"班子及时研判，并咨询扶贫主管部门，虽然属于"硬伤户"不能纳入，但是针对实际情况可以向民政部门申请临时救助和医疗救助，帮助其摆脱困境……总的来说，一个思想，就是实事求是，严格依据标准和程序来，做到不留"硬伤户"，不漏评一人。

遇到矛盾也是有的，发展过程中免不了矛盾，有人的地方就有矛盾，除了坚持标准和程序之外，你还要设身处地为群众想，帮助他们解决问题，这样就能够争取到群众的认可和满意。①

除了对是否"错评"和"漏评"进行了自查自纠、整改调整，村"两委"和驻村工作队同时将致贫原因和发展意愿的采集作为重要工作推进，完成这个工作的过程，用驻村工作队的话来说，就是得多去走访，让老百姓相信你，跟他拉家常，帮他解决问题。一开始标准不明确、工作不细致，加上反复填报，确实村民有一些不理解和抵触情绪。但后来证明，只要把工作做实、做细，关注老百姓的困难和需要，真心实意地帮着去解决问题，老百姓还是欢迎的，干部做了实在事，心理上也有获得感。

可以说，经过前后多轮的精准扶贫"回头看"和动态调整，金龙坪村建档立卡数据的准确性有了显著提升。档案下乡就其直接意义而言，为脱贫攻坚精准施策提供了科学基础，为有效监控和评价脱贫攻坚工作过程与成效提供了坚实依据。同时，通过建档立卡的档案下乡，国家政策资源在村一级的配置能够更为

---

① 根据 2017 年 12 月 1 日金龙坪村集体访谈记录整理。

有效地实践其所负载的国家意志，避免地方利益主体对政策过程的干扰。[①] 此外，在建档立卡过程中，由于坚持标准，坚持程序，树立了村民对国家政策实践的认同，增进了村民对干部的信任和情感联系。

①　当然，档案下乡并不是国家规范村级权力运转的唯一手段，在后面第五章我们将会讨论精准扶贫时期，规则下乡对乡村权力运行和治理体系优化所产生的积极效应。

第四章

标准下乡：做好特色产业精准扶贫文章

金龙坪村地处宣恩县"白—金—马"黄金茶叶带上，因其独特的生态优势，出产的茶青具有极高的品质。在万寨乡，金龙坪村还是最早发展生态有机茶的村子之一，但遗憾的是在精准扶贫以前，金龙坪村茶叶产业始终规模有限，发展水平不高。在看到同乡其他村陆续都靠发展有机茶增收致富以后，村民的愿望更加强烈，尤其是村民认为万寨乡乃至整个宣恩县的有机茶种植最早还是在金龙坪村，可别的村都发了财，金龙坪村的产业却没有做起来，发展茶叶产业的愿望很是强烈。在精准扶贫阶段，县乡党委政府、驻村工作队和村"两委"下定决心，一定要把金龙坪村的茶叶产业做起来。经过几年的不懈努力，金龙坪村生态有机茶产业发展步入了快车道，并且围绕高标准有机茶建设形成了一套颇具特色的新型产业精准扶贫模式。在本章中，我们将首先介绍以往金龙坪村错失发展机遇的原因，继而简要说明在宣恩县特别是万寨乡生态有机茶发展的状况，最后回到精准扶贫时期金龙坪村产业扶贫的案例及其启示。

第一节　金龙坪村缘何错失发展机遇

在金龙坪村调研期间，课题组恰好遇到了来金龙坪村察看茶园的裕盛公司的边总。[①] 万寨乡的乡干部告诉我们，是裕盛公司最早把生态有机茶这个项目带到了金龙坪村，之后几年万寨乡才开始大规模推广有机茶种植，并且整个宣恩县第一片有机认证的茶园就是在裕盛公司的协助下拿到的，这几年，有机茶成为万寨乡的农业支柱产业，并且在省内拥有一定知名度。

① 本书涉及的公司名、人名均系化名。

边总为我们介绍了 2003 年到金龙坪村开展有机茶项目的情况。根据边总的介绍，裕盛公司是国际公平贸易组织机构，按照公平贸易的方式扶持小农经营和社区发展。所谓"公平贸易"是社会经济运动的重要实现形式，发端自 20 世纪 40 年代，20 世纪 60 年代以来在国际组织参与经济正义行动中逐渐成为主导的项目模式。公平贸易运动强调，要通过重塑既有的全球农产品贸易体系，特别是拆解复杂的供应链条，让产品终端的销售商和消费者能够和从事农产品生产的小农建立更为直接的联系，从而一方面扩大小农在生产经营活动方面的利益回报，支持社区经济发展，另一方面为消费者提供更加安全和高品质的农产品。在过去的几十年里，公平贸易的产品覆盖了咖啡、香蕉、可可、茶叶等多种类型。边总为课题组介绍了裕盛公司为何最早选择在金龙坪村开展项目，以及项目发展过程中遇到的瓶颈。

最早选择金龙坪村开展公平贸易的项目，有几个方面的考虑。一是金龙坪村非常适合茶叶的种植，处在北纬 30 度的黄金茶叶带，独特的气候条件和地理环境（海拔在 800 米左右），为高品质茶叶生产奠定了得天独厚的基础，同时整个恩施州被誉为中国硒都，茶叶硒含量很高。二是金龙坪村是典型的武陵山区深山贫困村，在金龙坪村开展项目契合公平贸易组织的理念。

最初裕盛公司找到了时任村党支部书记宫家刚，宫书记是个能人，很热心，在群众中也很有威望。在了解了公平贸易的做法以后，宫书记就发动村民来种植有机茶。种植有机茶收益肯定有保障，但要求也更高一些，不能使用农药和化学肥料。当时有十多户参与种茶，也确实给这些农户带来了收入，我们还给村里面返还了一些资金，[①]村里用这笔钱建了一所图书馆，但村里基础设施条件太差、劳动力外出较多，留守人员很难有效组织茶叶生产，因而规模一直是比较有限的。[②]

裕盛公司在金龙坪村开展项目的同时，在万寨乡马鞍山村、伍家台村等其他几个村也尝试着发展有

---

① 按照公平贸易的理念和规则，除了直接推动分销商、消费者与小农生产者订立采购契约省中间环节、保障产品质量之外，每一笔商品还会返还给当地社区一笔"社会溢价"，大概是订单价值的6%，这笔"社会溢价"主要用于社区公共建设、公益事业，由社区民主决定如何使用。

② 根据2017年12月2日金龙坪村裕盛公司边总的访谈资料整理。

机茶。相比之下，马鞍山村和伍家台村虽然起步晚一些，但发展却极为迅速。尤其是伍家台村，目前伍家台村昌臣公司已成为全乡乃至全县最重要的农业企业，年产值超过 1.2 亿元，创利税 500 余万元，并且在全县最早拿下了茶叶自营出口权。接下来，我们将花费一点篇幅来简单介绍一下伍家台村和昌臣公司的发展历程，我们相信在两个村发展的对比中，更能解释缘何金龙坪村之前错失了发展机遇。

昌臣公司成立于 2006 年 11 月，位于万寨乡伍家台村，目前主营业务涵盖了茶叶加工与销售、土特产购销以及旅游开发。公司前身是人民公社时代的"社队企业"，成立于 1968 年 8 月，当时在服务农业生产的名义下兴办了这个厂子。伍家台村有着悠久的茶叶种植传统。据传，清乾隆四十九年（1784 年），伍家台村村民伍昌臣在乾隆帝南巡时，向乾隆帝敬献伍家台村出产的香茗，乾隆帝品罢龙颜大悦，题匾"皇恩宠锡"，盛赞伍家台村茶叶品质高。因此，伍家台村周边几个村子都有种植茶叶的传统，包括本文的案例村金龙坪村。

人民公社时期，在"以粮为纲"的国家农业

政策影响下，当地茶叶种植一度萎缩，几近消失。特别是受到"文化大革命"的冲击，茶叶生产一度停摆，"皇恩宠锡"的匾额也险些被毁。农村改革为伍家台村恢复发展茶叶生产带来了机遇，但经营管理非常粗放。一方面规模和产量都比较有限，另一方面品质也不高。因此，虽说搞了承包经营，但茶厂的效益不是很好，中间甚至多次停产。2003年开始，裕盛公司在万寨乡发展有机茶，选择了金龙坪村、马鞍山村、伍家台村等几个村。相比之下，伍家台村发展得最好。2003年，伍家台村被纳入宣恩县整村推进村，同时与裕盛公司合作发展有机茶。裕盛公司给村里带来了新的销售模式和生产经营理念，按照有机标准来生产茶叶。对于当地茶农来说，有机茶是个新概念，并且，有机茶的生产投入劳动量更大一些，因此推广有机茶的过程中经历了一些波折，但同时也形成了有效的经验。特别是这个过程中，茶农有了实实在在的收益，村里围绕着有机茶生产也更加团结，在当地颇具口碑。2006年，万寨乡时任党委书记通过招商引资，盘活伍家台村贡茶厂，吸引到四个股东（当地人）投资成立了昌臣公司，当时的规模也是比较有限的，

8 间厂房约 800 平方米，加上办公用房共 1000 平方米左右，生产经营辐射到周边六七个村子。但此后发展就遇到了瓶颈。

2009 年，对于昌臣公司来说是一个重要的契机，村里出资建设培训场地，争取到湖北省委宣传部农村实用人才培训基地落户伍家台村，随着各界对伍家台茶、伍家台村以及昌臣公司了解的增加，村子和公司吸引了更多的关注和支持。这一年，伍家台村党支部也获评先进基层党组织，昌臣茶叶荣获湖北省第四届名优茶评选一等奖，并通过了 ISO9001 质量体系认证和有机认证。不断壮大的有机茶产业进一步提升了村"两委"的凝聚力，村内各项事业蓬勃向上。也因此，伍家台村进一步吸引了各界的关注，尤其是各行业部门都愿意将项目放在伍家台村。

随着伍家台茶和伍家台村美誉度的提升，昌臣公司不断发展壮大，成为恩施州规模以上龙头加工企业、华中农业大学教学科研基地。现有高级管理人员、中层干部、资深技术和市场营销人员 128 人，注册资本 3000 万元，资产总额 8349.59 万元。下设名优茶、初制茶、精制茶、精品包装等 4 个生产车间，设立武汉、恩施、宣恩等6个直销门市部，并在北京、广州、长沙、济南、成都等城市开设了营销连锁店。公司拥有有机茶基地3600亩，现代化先进加工生产线5条，占地面积28361.87平方米，加工机械168台套，产值产量居伍家台富硒有机茶生产第一名。

伍家台茶对万寨乡茶叶发展形成了有力带动，目前全乡镇发展茶园面积超过5万亩。集中连片的茶园成为美丽的景观，吸引着越来越多的游人观光，目前伍家台村已纳入4A级景区打造，步入了农旅结合的新发展阶段。①

伍家台村的巨大成功是多方面因素共同作用的结果。必须承认，伍家台村确有其独特的资源和禀赋，区位条件亦较为优越，"皇恩宠锡"的贡茶传统是该村重要的文化资源，当地茶叶种植加工传统悠久；相较于马鞍山村和金龙坪村等村，伍家台村地理位置更靠近县城、临近公路。但在这些因素之外，还应看到，伍家台村之所以能够抓住发展机遇，很大程度上

① 根据调研和访谈资料整理。

精准扶贫精准脱贫百村调研·金龙坪村卷

也取决于这个村一直有一个强有力的村党支部，有致富带头人的引领，在持续向好发展中村内关系非常融洽。换言之，伍家台村的成功恰恰诠释了社区治理与乡村发展之间的关系，或者说正是强大的社区凝聚力和动员能力帮助伍家台村抓住了发展机遇，从一个成功走向另一个成功。反观金龙坪村的案例，则不难发现，我们在前文中所提到的"多重边缘性叠加"导致了该村一直处于发展滞后的状态。一方面，在精准扶贫之前，政府对贫困地区资源投入总量有限的条件下，类似金龙坪村的深山贫困村在争取资源方面原本就处于不利地位；另一方面，村内的矛盾多、问题多，进一步导致了该村成为被发展忽略的角落。

第二节　金龙坪村的产业精准扶贫

精准扶贫给金龙坪村带来了多方面的变化。从产业发展的角度，该村茶园面积发展到近 2000 亩，实现了人均近 2 亩茶园。并且，截至 2019 年底，所有茶园已经全部实现了有机茶园认证，成为当地有代表性的有机茶园示范区域，90%以上产品出口欧盟（与裕盛公司合作）；2019年仅村内企业加工生产干茶40余万斤，实现产值600余万元，全村鲜叶收入1200余万元。茶叶产业给金龙坪村农户带来了较好的收益，户均增收超2万元，近5年，金龙坪村新增汽车60余辆，新修楼房30余栋，群众的生活水平、生活质量提高了。这些变化，固然是在国家精准扶贫政策支持下取得的成绩，但深入金龙坪村产业精准扶贫的实践场景便会发现，金龙坪村在社区治理层面的改变为政策下乡和资本下乡夯实了社会基础，成就了产业发展的巨大变化。理解这一过程，让我们从村"两委"和驻村工作队对金龙坪村有机茶产业发展的几个核心诊断和方案出发。

金龙坪村适合发展茶叶产业，同时村干部和村民对于发展茶叶也有着强烈的愿望。但具体到如何发展产业，有哪些短板需要补齐，村里还是做了多轮的考察和论证的。首先，金龙坪村同时还是县政协定点帮扶的贫困村，在县政协驻村帮扶中当地百姓表达了种茶的愿望，但究竟该怎么种，需要做哪些事情，大家还都说不清楚。鉴于此，县政协组织金龙坪村村干部、党员和村民代表到周边几个茶叶专业村去考察学习，还专门组织到咸丰县高乐山镇白地坪村学习新农村建设经验。这些学习不仅帮助金龙坪村了解了茶叶产业发展的方式方法，更让金龙坪村体会到加强村级党组织建设、增进村民团结、培育致富带头人对于促进村子产业发展的重要意义。其次，经过参观学习和技术专家帮扶，金龙坪村明确了村庄发展有机茶的方案。重点包括产业路建设、品种改良、技术培训、"水改旱"[1]和品控制度建设。最后，村里在制定发展有机茶产业方案的过程中，注重与建档立卡成果以及与国家精准扶贫政策的衔接，强调贫困户要参与产业发展过程，通过发展产业增收脱贫。

案例 4-1 金龙坪村有机茶产业发展方案[2]

（1）整修产业路。村内茶园原有道路没有

---

[1] "水改旱"指的是为了实现茶园有机化管理，将原有播种水稻的土地改为种植茶叶。由于播种水稻，必然要使用农药和化肥，而农药化肥随着地下水流动会对周边茶园造成污染，影响茶叶"农残"指标。后文中，我们将会重点介绍在发展有机茶的标准下乡过程中金龙坪村推动了"水改旱"和品控制度，这些举措得以实现的社会治理基础，以及这些举措是如何重塑社区治理。

[2] 根据金龙坪村汇报材料和座谈访谈资料整理。

硬化，生产车辆难以通行，一遇雨天更是泥泞难行。因此，农户经营管理茶园难度很大，特别是采茶期，鲜叶采集和转运难度很大，[①] 限制了生产水平的提高，也影响农户发展茶园的热情。具体来说，就是要实现金龙坪村12个组的道路硬化（约30公里），硬化成3.5米宽、15厘米厚的水泥路。

（2）品种改良。金龙坪村原有的茶园品种老化，产量不高，为解决这一问题，通过去外地实地考察以及征询农业部门专家的意见建议，并得到了县、乡两级政府及湖北盐业集团有限公司的支持，先后改良了1500余亩的鄂茶1号、鄂茶10号、龙井43号、乌牛早、白茶等品种。

（3）技术培训。组织有关有机茶种植管理、病虫害防治等培训。

（4）推进"水改旱"。实现全域有机茶园。因为水稻种植势必要施洒农药，这就对周边的茶园造

---

① 茶青需要当天交到茶厂加工，隔天品质就会下降。访谈中，湖北盐业集团有限公司驻村工作队队长介绍说，金龙坪村在精准扶贫之前很多组际道路也就是产业路不通，（茶青）完全靠人来背的话，第一浪费人力，而且村里基本来讲劳动力不是很足，在外打工的比较多。老人们采摘可以，而要他背下来是很困难的。为了把这个事情彻底解决，须完成道路的硬化。

成了影响，对于村内个别少数还在种植水稻的情况，村干部和驻村工作队干部通过多次入户走访，动员说服其转变思想，并给予一定的物资支持其种植茶叶。

（5）扶持茶叶生产合作社。充分发挥致富带头人作用，鼓励本村茶叶大户孔家刚开办了第一家茶叶加工厂，并成立了合作社，和武汉易生生物科技有限公司达成了合作协议，村民以自家茶园入社，成为社员，形成了"公司＋合作社＋基地＋农户"的共赢之路。

（6）品控制度建设。有机茶种植对于生产过程和产品品质有着严格的标准。按照有机认证制度，有机茶最为核心的指标是"无农药残留"，有机茶园需要经过三年不使用农药和化肥的转化期才能达到生产有机茶的要求。其间，集中连片的茶园中，如果其中某一户农户不能够遵照有机标准生产，就会影响到整批茶叶的品质，甚至会因此丢掉已经获得通过的有机认证。因此，品控对于发展好有机茶是最为关键的一环。[1]

---

[1] 由于做好品控对于发展有机茶产业来说是最为关键的内容，我们在接下来的讨论中会详述。

（7）改造电网，为村里茶叶加工提供基础。精准扶贫期间，金龙坪村争取到电力部门800余万元资金，新增7台变压器，村里供电状况明显改观。很多农户购置了茶叶烘干机、揉捻机等设备，能够挣到一部分茶叶加工的收入，并且由于有了加工能力，也不必急于短时间集中出售茶青，而是可以在粗加工后待价而沽。

扶产业，才是扶根本。但通过金龙坪村的案例不难发现，做好产业精准扶贫除了要立足特色资源禀赋、补齐制约产业发展的基础设施短板之外，还要尊重产业发展的规律，形成完备的产业体系。并且，对于产业精准扶贫来说，在让产业运转起来的同时，要提升产业项目对农户特别是建档立卡贫困户的带动作用。而这一过程也是资本与农户稳定利益联结关系逐渐形成的过程，这种关系的建立不仅是产业精准扶贫的制度要求，更塑造了一种新型的资本与农民关系，有效节约了产业下乡的交易成本，为产业可持续发展奠定了社会基础。

接下来，我们将结合金龙坪村有机茶产品品控体系的设计和运转，进一步阐释上述观点。对于金龙

图4-1　金龙坪村扩建茶厂（在建）

（金龙坪村课题组拍摄，2018年12月）

坪村村民来说，有机茶熟悉又陌生。说其熟悉，漫说万寨乡是知名的贡茶之乡和有机茶之乡，宣恩县最早发展有机茶的就有金龙坪村。但说其陌生，则是指村里产业发展规模非常有限，熟悉有机茶生产的茶农并不多，而且这些年随着农业产业政策和经营环境的变化，有机茶产业出现了很多新的管理模式和方法。从产业组织模式来说，金龙坪村的有机茶产业采用的是"公司＋合作社＋基地＋农户"模式，听起来一点也不新鲜。但由于发展有机茶产业的特殊性，这套体系的运转核心是加强产品品控，按照有机标准来组织生产和管理，可以说这需要一整套复杂的技术体系和社会治理体系作为基础。

图4-2　金龙坪村的有机茶园
（金龙坪村课题组拍摄，2018年12月）

所谓品控的技术体系主要采用了一系列的监督和激励办法。例如，制定五户联保机制，农户不是单独以自家茶园入股与合作社签订合同，而是需要寻找到五户及以上的社员成立一个小组，以小组的形式与合作社签订有机茶管理、销售合同，在茶园管理方面相互监督，利益共享，责任共担，如果出现某一户违反有机生产标准，五户连坐受罚。[①] 又如，建立保证金

---

① 五户联保在国际发展组织的干预实践中是常见的做法，例如著名的格莱珉银行小额信贷项目就是通过这种五户联保的方式运行，五户之间互相监督，同时也互相帮助，共同将生产经营各项事务做好。

制度。每个社员拿出鲜叶出售款 1000 元作为保证金，若发现某个社员施洒农药等破坏有机茶园情况，将扣除保证金并追究责任。对于按照要求管理茶园的社员，将其保证金年底全额退还。再如建立奖励机制。合作社设计举报机制，对于不按要求管理茶园或者破坏有机茶园的情况随时举报，查证属实将给予举报者 500~1000 元的现金奖励，并对举报者身份保密，同时将追究相关人员责任。毋庸置疑，这套品控的技术体系实称得上精巧。但也要看到仅仅依靠这套技术体系并不能保证村民广泛参与产业发展过程，也不能保证他们严格地遵守有机标准。调研中，我们发现这套体系真正被广泛地自觉接受，原因恰在于技术体系之外的社区治理革新。

其一，精准扶贫重塑了村级组织的凝聚力。金龙坪村之前基层党组织力量非常薄弱，干群之间关系颇为紧张，村民之间也多有矛盾发生。在发展有机茶的过程中，必然要弥合社区内部的矛盾和冲突，增进和推动大家发展有机茶以脱贫增收的共识和共同行动。精准扶贫过程中，干部密集地走村入户，访贫问苦，关心百姓身边事、烦心事，老百姓与干部之间的感情加深了，特别是换届后的村"两委"干部与村民保持了融洽的关系。在建档立卡工作中，特别是在"回头看"和动态调整阶段，村民看到了村干部、驻村工作队敢于坚持标准、坚持程序，同时工作也有温度，逐渐增进了对干部的信任。特别是看到扶贫干部在真心实意地帮村子找资源、想办法，为农户排忧解难，无论从实际出发还是从情感出发，村民都更加支持村干部的工作。

> 以前我们要修路，跟老百姓去协商占用土地，工作是很难开展的。就因为老百姓不理解、不支持，我们工作推进很艰难。但这两年（指精准扶贫开展了两三年以后），好像老百姓的认识和觉悟一下子就起来了，我们干部到农户家里去做工作，说修路要占地，村民很大方地说没有问题，需要多少占多少。①

其二，精准扶贫促进了最广泛的发展参与。几年间，金龙坪村有机茶产业规模快速增长，产品品质也得到了市场的肯定和认可，这无疑得益于产业精准扶贫的助力。精准扶贫以前，产业扶贫工作的

① 根据 2017 年 12 月 1 日金龙坪村集体访谈记录整理。

管理相对较为粗疏，对益贫性没有（实际上也没办法）做出明确和具体的要求。而随着建档立卡工作的开展，村里哪些农户有发展产业的意愿和能力，哪些可以通过产业带动脱贫，有清晰的档案可循。同时，在产业精准扶贫过程中，注重通过利益联结机制建设，鼓励农户以资产入股、经营权入股以及采取自家经营等形式获得收益，从而让农户感受到发展产业不是给老板的，而是给自己的，逐渐遵守产业发展相关的技术标准，使之成为一种内在的自觉。

其三，增进和推动了情感联结、道德治理和社区文化塑造。如果说，发展有机茶产业能带来较可观经济收益的预期是大多数农户愿意参与有机茶产业并遵守有机标准的动因，那么不可忽视的是，在村子里总会遇到一些比较特殊的农户，他们对发展有机茶的意愿不高。例如，村里有一户农户，子女长期在外务工，收益还不错，家里只剩下老人留守，老人更习惯于种植水稻、玉米和薯类。为此，村干部多次到老人家里做工作，告诉老人口粮是有保障的，老人自己不愿意种，不愿意管，可以把土地交到合作社，由合作社请人代管。并且，除了给土地入股（流转）的租金外，代种代管的部分收益也归老人所有。村干部经常到老人家里拉家常，去的时候还不忘给老人带点小东西，为老人耐心讲解为什么一定要"稻改旱"，逐渐赢得了老人的支持。还有一些家庭对发展有机茶意愿不强，帮扶干部就跟着一起想办法，发展其他产业，比如成立了养蜂专业合作社，带动了一些对种茶热情不高的农户。可以说，这种"绣花"功夫不仅是精准扶贫精准脱贫基本方略的内在要求，也是到农户家里去、关心农户身边事、与农户共谋脱贫发展的情感联结过程。此外，村里还围绕发展生产、友爱邻里、勤劳持家等开展乡风文明方面的评比，积极引导社区的道德正能量，通过社区文化的塑造进一步增进社区凝聚力和认同感，同时为发展有机茶产业的标准下乡夯实了社会心理基础。

通过对金龙坪村有机茶产业精准扶贫的案例介绍，我们不难发现，精准扶贫在贫困村层面的意义不止于解决"两不愁、三保障"问题，而是全方位地补齐了社区发展的突出短板。对于贫困村而言，不仅包括基础设施、基本公共服务、基本产业等可见的、有形的硬件方面的短板，还包括基层党组织建设、干群关系、社区文化、社区凝聚力等软件方面的短板。并且，从国家乡村发展体制来看，软件层面的社区治理质量之良窳很大程度上会决定社区能否抓住发展机遇，能否将好的发展环境转化为实实在在的发展成果。

第五章

规则下乡：规范村级治理体系

五

精准扶贫精准脱贫基本方略为打赢全面建成小康社会背景下的脱贫攻坚战提供了科学有效的方法。从精准扶贫政策体系所负载的公共政策理念来说，其显示了在大数据支撑下推进国家减贫干预对贫困村和贫困户多元化、差异化需求的精细化回应能力提升。但是当我们跳出单一的政策视角，从国家与农民关系、国家乡村治理体系变革的历史长时段来看，精准扶贫的基层实践是国家推动规则下乡、规范村级权力运转、重塑国家与农民关系和乡村治理体系的整体性行动的重要组成部分。从村一级来说，坚持精准扶贫的标准和程序，以及同时期规范村级党组织运转的其他举措，共同确保了精准扶贫精准脱贫基本方略的落地，同时也有效地规范了村级权力运行，提升了乡村治理能力。在这一部分，我们将基于金龙坪村的案例，介绍精准扶贫阶段村级权力运行方面的变化，并讨论这种变化的价值与意义。

第一节　精准治贫的技术逻辑

新时期，中国农村减贫形势发生了深刻变化。打赢全面建成小康社会背景下的脱贫攻坚战，重在精准、贵在精准、成败之举在于精准。2013年，习近平总书记在湘西考察首次提出精准扶贫，之后在多个重要场合发表长篇重要讲话，阐释精准扶贫精准脱贫基本方略，先后召开了七次专题座谈会研究部署和推动脱贫攻坚工作。以习近平总书记关于扶贫工作重要论述为指引，国家减贫治理体系经历着密集的调整与优化，治理的精细化程度显著提升，为打赢脱贫攻坚战提供了有力支撑。精准扶贫精准脱贫基本方略，首先是一整套的治贫方案，回答了如何对贫困地区、贫困社区、贫困农户多元化和差异化的需求保持良好政策回应性的问题。操作层面，体现为"六个精准"、"五个一批"和"四个问题"。其技术逻辑可以概括为，基于建档立卡的减贫大数据，摸清贫困底数，掌握致贫原因，立足特色优势和资源禀赋，找准发展路子，根据贫困村和贫困户的需求和愿望，提供有针对性的政策支持。实践层面，精准扶贫的技术逻辑通过多重路径直抵乡土社会基层。

其一，规范化的档案管理。前文已述，建档立卡的档案下乡是精准扶贫的基础性环节，在建档立卡过程中对贫困村和贫困户的信息实行了规范和严格的档案管理。在类似扶贫手册的扶贫档案中，记录了贫困村和贫困户的致贫原因、发展愿望、政策需求、帮扶措施、帮扶过程等信息。这种全程档案管理的模式确保了信息可核实、责任可追溯，较为有效地规范了基层的政策实践。

相较以往，精准扶贫确实把各项工作都做实了。每一户的信息都记录在册，而且要接受检查，承担责任，如果不按照政策要求来做，是要出问题的。在一开始，识别不准、帮扶不到位的情况也是有的，但现在不会存在这些问题了，工作都很实。①

马克斯·韦伯认为科层制以其无可比拟的技术优越性，适用于应对复杂性激增的行政事务。科层制的核心特征之一在于实行了严格的档案管理，从而提升了决策和执行的理性化程度。精准扶贫通过全程档案管理，确保了政策过程的全程可追溯，从而有效地解决了在以往扶贫工作中基层行动者滥用自由裁量权的问题，避免了精英俘获现象，提升了治贫的政策绩效。我们看到，精准扶贫的全程档案管理涵盖了贫困识别、政策帮扶、资金使用监管、贫困退出等环节，为规范村级权力运行奠定了制度基础。

其二，规范化的技术标准与流程。除了实行全程档案管理的制度以外，精准扶贫还明确了扶贫工作各个重要环节的技术标准与流程。以贫困识别为例，2014年建档立卡之初，基层工作的主要依据仍然是收入标准，虽然当时已经明确了"户申请—村评定公示—乡镇审核—县级核查备案"的技术流程，但收入标准在操作层面相对模糊，加之基层干部认识不足和

① 根据2017年12月2日金龙坪村驻村工作队访谈资料整理。

社区权力结构的惯性，导致建档立卡数据精度不高。此后，在 2016 年和 2017 年的多轮"回头看"与动态调整中，贫困识别的标准和技术流程逐渐明确，同时在建档立卡数据质量管控方面引入了大数据比对和暗访、抽查等技术，从而有效地提升了建档立卡信息的准确度。在产业精准扶贫方面，龙头企业、合作社需要按照技术规范对建档立卡贫困户形成有效带动才能够享受到政策补助和其他支持。类似这样的技术标准和流程的规定贯穿了精准扶贫全链条，每一项具体的工作都有了明确的标准和程序。

其三，干部培训和政策宣传。如果说全程档案管理和规范化的技术标准与流程构成了精准扶贫过程中规范政策实践，特别是规范村级权力运行的制度设施，那么密集的干部培训和政策宣传则是将上述制度转化为干部工作思路与工作方法，以及村民政策知觉和共享观念的过程。在宣恩县，精准扶贫干部培训包括了驻村工作队的培训和村干部培训，驻村工作队纳入乡镇统一管理，由全县统一培训精准扶贫相关知识并组织考核。政策宣传则包括了多种形式，包括下发精准扶贫政策宣传页、帮扶干部入户宣讲、媒体宣传等。通过这些工作，扶贫干部掌握了精准扶贫的工作方法，而村民对自己的权益有了更为清晰的认知，能够对村里扶贫工作开展的情况做出有力监督。

其四，最严格的考核问责。建档立卡的减贫大数据、全程档案管理、明确的绩效指标同样为做好考核和问责奠定了坚实基础。在精准扶贫中，宣恩县明确了县、乡两级党委的主体责任和驻村工作队的帮扶责任，每一户建档立卡贫困户都安排了帮扶干部，做到不脱贫不脱钩。脱贫攻坚工作的成效不仅是县、乡两级党委政府最重要的工作绩效指标，也落实到对驻村工作队和村"两委"干部的工作评价中。

毫无疑问，前文中提到的清晰的标准和程序、全过程的档案管理、干部能力建设、民主监督、最严格的考核问责都是围绕打赢精准脱贫攻坚战所建立起来的治贫方略。实践精准方略的过程一定意义上构成了重塑政策执行"最后一公里"的过程，也成为规范村级权力运转的过程。接下来，我们将进一步讨论，精准扶贫时代的规则下乡并不仅仅是做好精准扶贫工作的临时性制度安排，而是国家自上而下介入乡村权力场域、规范村级权力运转、塑造新型乡村治理体系列努力的一部分。

第二节　规范村级权力运转

金龙坪村的案例映照出新时期国家系统性规范村级权力运转的努力，精准扶贫精准脱贫基本方略在村一级的实践过程构成了其中的重要组成部分。同时还要看到，在精准扶贫时期，国家除了加强对扶贫工作的标准化执行与管理，还通过加强基层党组织建设，特别是对党支部工作和村级议事规则的建设，整体性重塑基层政治生态和乡村公共事务运行的法则。这些举措既是确保精准扶贫攻坚战目标实现的有力保障，也为推进乡村治理体系现代化和治理能力提升打下了坚实基础。经过一系列的密集行动，党的基层组织凝聚力和战斗力明显增强，形成了引领乡村社区减贫发展的"战斗堡垒"，促进了社区团结，降低了外部资源进入乡村的交易成本，提升了政策运行绩效。

调研中，与扶贫干部谈论精准扶贫以来扶贫工作的变化，聊到了最低生活保障制度。实际上在 2008 年农村最低生活保障制度建立之初，国家就试图通过到村、到户的建档立卡工作实现两项制度衔接，即那些无劳动能力的贫困人口由最低生活保障制度兜底，而有发展能力和愿望的贫困人口则主要通过扶持生产和就业实现减贫增收。然而，农村最低生活保障制度的实践却出现了很多偏差现象，诸如"人情保""平均保""转转保""维稳保"等屡见不鲜、屡禁不止。在精准扶贫时期，无论是农村最低生活保障制度还是扶贫开发政策都有了明确而清晰的标准，贫困户认定需要经过严格的程序，并接受多种形式的核查与监督。之前在金龙坪村担任村党支部书记、后考取乡镇公务员的常主任给我们介绍，金龙坪村以前村里矛盾多，为了增强村民对村委会工作的信任，在任期间就希望通过一些措施来改变低保评定的乱象。

低保（农村最低生活保障，下同）的话主要是在 2007 年左右，2009 年我开始搞，以前低保的那些操作程序都不是很规范，低保这个问题是一个全国性的问题。2009 年我刚开始搞的时候就不是举手表决（指不用举手表决的办法），因为举手表决就老是想着自己的亲戚朋友，磨不开情面，这样做事就不公平，然后我是要求代表一个人拿支笔自己进屋子里打钩，所有人等在外面，里面有个工

作人员，或者就是里面有张表，你进去打钩，2009
年我就开始做这样的事情，其实我做这个事情比县
里做得还早，以前就是群众对政府、对村委会信任
度很低，这是个问题。[①]

除了基层乡村干部的自觉行动，按照中央和省
里、州里的部署，宣恩县启动了全面加强基层党组织
建设、规范村级权力运转的系列行动，打出了一整套
的组合拳。

首先，选优培强村级班子，实行党员先锋指数评
议制度。调研中，我们看到在金龙坪村，党员都有星
级评定。经过进一步的了解，得知党员先锋指数评议
制度是恩施州委组织部部署的加强基层党组织建设的
重要举措之一。为了确保打赢精准脱贫攻坚战，恩施
州委高度重视选优培强村级班子，要求立足谋人、谋
策、谋事"三谋"，做好抓党建促脱贫攻坚工作。建
强领导班子和干部队伍，为打赢脱贫攻坚战提供坚强
的组织保障；调优配强村党组织书记，增强村级党组
织凝聚力和战斗力。在我们调研的金龙坪村，上一任
村党支部书记在任期间，在干部自律、决策民主、公

① 根据 2017 年 12 月 1 日金龙坪村前村党支部书记访谈资料整理。

平公正方面做了很多，逐步改善了老百姓对村"两委"的印象。但因为考取了乡镇公务员，村委换届如何调整班子就成为非常紧要的问题。在乡镇党委的关心支持下，选任了年轻、学历高、干劲足、思路活的大学生小薛担任村党支部书记，同时为了弥补小薛书记农村工作经验不足的短板，村里面在搭配班子的时候，注重选任年龄略长、在村里威望较高、工作经验丰富的干部。实践证明，金龙坪村的这次调整是非常成功的，新一任班子的工作得到了村民的认可，金龙坪村精准扶贫各项工作有序推进，经济社会发展面貌产生了巨大变化。

其次，持续推进基层党支部组织生活制度化、规范化、程序化。党的十八大以来，习近平总书记对全面加强党的建设做出了系列重要论述，部署实施了"一揽子"推进组织生活制度化、规范化和程序化的重大举措。在精准扶贫过程中，通过抓基层党组织的班子建设、政治建设、能力建设，夯实了基层组织的"战斗堡垒"作用。宣恩县按照省委、州委部署要求，扎实落实"八事联动"制度，即将"支部主题党日"时间统一起来，内容统一为缴纳党费、重温入党誓词、诵读党章、集中学习、组织生活、民主议事、民主监督、特色实践等八项。特别是，在"支部主题党日"上组织党员对涉及支部重大决策、重点工作和涉及群众切身利益的事项进行民主讨论，定期公开党员群众普遍关心的党务、财务、政务等内容，围绕群众反映的热点、难点问题和正在推进的重点工作、重大项目、重要任务，结合单位职责创造性地开展特色实践活动。此外，宣恩县将"支部主题党日"与精准扶贫实际和群众需求相结合，把"支部主题党日"建设成引领和推进脱贫攻坚工作的议事平台与阵地。调研中，村党支部书记告诉笔者，精准扶贫以来，举凡贫困户认定与调整、项目建设、产业发展等重要事项，都是通过规范决策流程来完成的。

现在的改变就是要求每一个月的第一个星期一，全村的都统一了，"八事联动"有八个事情，每个会议严格按照程序一体化进行，就那一天全县所有村党支部开会的内容都一样，中间有些差别，叫民主议事，开展特色实践，实践就是说我们去看看贫困户、了解乡村卫生情况，那么每个村肯定都不一样。

2015年开始，我们搞精准扶贫"回头看"，当时我们是这样做的，首先每一个（村民）小组召开小组会，让大家相互讨论，因为我们划了几条红线，有车、有房的，有工商营业执照的，经商办企业的，还有个体户你们知道，有些人他没有工商营业执照，但是确实在经商办企业，比如说在县里买房子，商品房，这一类我们定义为"硬伤户"，再就是国家公职人员，家里面有退休教师的，或是公务员家属、事业单位员工家属……再就是首先开小组会，小组里面先剔一遍，每个小组剔一遍之后，还有村民代表大会。

我们村里开大会，每个月都开会，每个月走访村民代表，我们把党员召集起来开代表大会，大家相互把涉及的硬伤剔出来，确实有什么困难（户）提出来，大家予以表决。只要是有人知道的，有人给我们反映，我们迅速去了解，像几个大病的，像我们七组的一户得了白血病，花了一二十万元，我们八组的一户做了开颅手术，花了十来万元，十二组的一户还包括那个女儿，只不过之前没有人提出来，但提出来之后我们去知会工作队，在力所能及的范围内给他们救助。①

① 根据 2017 年 12 月 1 日金龙坪村前党支部书记访谈资料整理。

精准扶贫精准脱贫百村调研·金龙坪村卷

加强对农业农村工作的领导，是我党的优良传统，也是做好农业农村工作的重要经验。新时期以来，围绕着村级党组织组织生活制度化、规范化和程序化的努力，不仅是推动脱贫攻坚决胜的内在要求，也是加强基层党组织建设的重要抓手。

最后，落实"四议两公开"和村务监督等工作制度。做到"支部主题党日"时间统一、内容统一，是推进村级党组织建设制度化、规范化的重要举措。恩施州在全州范围明确了"八事联动"和"支部主题党日"与精准扶贫工作相结合的要求，夯实了基层党组织引领推动脱贫攻坚的"战斗堡垒"地位。而在"支部主题党日"上以及平时村务开展中，如何确立议事规则，如何动议、讨论、表决和决议，决策和执行结果如何接受监督，也成为规范村级权力运转的重要制度安排。精准扶贫阶段，宣恩县在村一级党组织推广"四议两公开"工作制度，举凡村级重大事项研究必须经过支部提议、"两委"商议、党员大会审议、村民代表会议或村民会议决议。同时，实行决议和实施结果"两公开"。具体来说，"四议两公开"工作制度的确立在金龙坪村经历了两个阶段。前期村"两委"和驻村工作队希望通过借鉴"四议两公开"的方式处理建档立卡贫困户的识别与调整等群众关切度高的事项，通过规范程序来避免矛盾。到了后期，在2018年《中国共产党支部工作条例（试行）》颁布实施以后，"四议两公开"逐渐成为村内公共事务运行的基本程序。用驻村工作队干部的话来说，"四议两公开"制度给村干部的工作提出了更高的要求。

> 我们需要经常性地去了解贫困户的困难和需求，然后把这些需求和问题带到村"两委"的会议上，如有必要还需召开党员代表会或者党员大会来讨论决定一些事项。这样的话，如果平时工作不到位，老百姓的诉求就不能够得到及时响应。当然，遇到紧急事项，我们也是本着老百姓利益第一的原则工作。比如村里面有一户因为电路老化引起火灾房子着火了，我们这儿的房子是以木质结构为主，我们赶到现场的时候火还在烧，损失很大。我们马上联系了省盐业公司，协调资金帮助这一户渡过难关。①

综上所述，在精准扶贫阶段，围绕着贯彻落实

① 根据2017年12月2日金龙坪村驻州工作队访谈资料整理。

精准扶贫精准脱贫基本方略，精准扶贫的技术逻辑和规程要求给村级扶贫工作带来了根本性的变化，全过程的档案管理显著不同于之前的简约治理，扶贫干部、村级组织的行为规范化和制度化程度明显提升。并且，我们不能孤立地从精准扶贫的技术逻辑来看待这一过程，而是需要将其置于整体性规范村级权力运转，从而重塑国家与农民关系和乡村治理体系的历史逻辑中。我们看到，通过加强基层党组织建设，特别是组织生活制度、议事协商制度、村务监督制度等，真正将基层权力关进了制度的笼子。这些实践不仅保障了精准扶贫精准脱贫基本方略的落地，也为解决长期困扰乡村治理的难题提供了有效方案，夯实了党的执政基础。

第六章

结　语

金龙坪村，一个曾是"多重边缘性叠加"的深山贫困村，在精准扶贫的政策支持下，社区经济社会发展面貌发生深刻变化，逐步摆脱贫困，实现了村民增收致富的愿望。并且在成功实现脱贫出列后，步入了发展的快车道。在写作本书的过程中，我们对金龙坪村最近的情况做了回访，乡镇干部告诉笔者，截至2019年底金龙坪村全村有茶园近2000亩，人均近2亩。并且，已经全部实现了有机茶园认证，是典型的有机茶园示范区域，2019年仅村内企业就加工生产干茶40余万斤，实现产值600余万元，全村鲜叶收入1200余万元。在和裕盛公司的订单式生产合作下，来金龙坪村参观茶叶基地的世界各国的茶叶商人络绎不绝，金龙坪村的茶叶销往世界各地，形成供不应求的局面，2019年金龙坪村茶叶合作社生产的"绿针"荣获国际有机与公平贸易美食铜牌，出产的茶叶90%以上出口欧洲。通过茶园有机管理，结合牲畜养殖，形成了"猪—沼—茶"有机循环生态链，群众通过种植有机茶叶收入再创新高。精准扶贫给金龙坪村村容村貌带来了巨大变化，依托传统土家族建筑集群和古树，金龙坪村成功申报为中国传统村落。特别是，就在2020年，还成功引进一家生态农业投资公司落户金龙坪村投资开发"金龙谷生态康养"项目，目前已经签订投资合同，预计投资2亿元。随着村里发展面貌改变，有不少年轻人陆续回到了金龙坪村，村里面的年轻人、孩子又逐渐多了起来。金龙坪村脱贫出列以后，工作队没有离开，而是继续服务于金龙坪村巩固脱贫成果，强化新一轮发展机遇。巨大的改变沉淀在金龙坪村每一个村民心中，在每年举办的金龙坪村"村晚"上，各家各户喜气洋洋地讲述脱贫故事。村里举办"出彩"（出彩家庭、出彩个人等）评选活动，对本村发展贡献大、脱贫致富典型人物等进行推选表彰，老百姓对生活的获得感、满足感、幸福感不断增强。

图 6-1　招商引资开发"金龙谷生态康养"

（金龙坪村课题组拍摄，2018 年 12 月）

第一节　社区治理也是生产力

　　社区视角是贫困研究的重要方法。在既有的理论谱系中，研究者从多维贫困的视角看待社区性贫困的成因与特点，强调社区性贫困治理要从基础设施、基本公共服务、基层组织、基本产业等多个维度整体性地改善贫困社区的发展环境，我们称这种知识取向为"以社区为单元"的贫困治理。同时，国际发展组织和发展干预理论家倡导在减贫与发展实务中充分发挥社区的主体性，依托社区自身的资源禀赋动员社区广泛参与，充分激活社区内生活力，从而实现社区"活化"与社区可持续发展，我们称这种知识取向为"以社区为方法"的贫困治理。

在本研究中，我们看到，金龙坪村在精准扶贫以前贫困的成因固然是多维度的，既有区位条件方面的限制，也有地方发展体制的影响，但薄弱涣散的村级组织无疑导致金龙坪村失去了可能的发展机遇。在精准扶贫阶段，金龙坪村的巨大变化固然是国家精准扶贫政策有力支持的结果，但同时亦应注意到，恰恰是在这一时期，金龙坪村"村治"面貌有了明显改观，通过建档立卡的档案下乡、规则下乡，村级权力运转规范化程度明显提升，村级组织和村干部赢得了村民的信任与支持。这些"村治"层面的改变不仅为精准扶贫政策目标的实现提供了保障，也逐渐形塑了基层治理的新惯习。良好的"村治"为精准扶贫各项决策部署在乡村社会基层落实打下了坚实基础，同时能够更为有效地节约政策运行和产业发展的交易成本，从而吸引更多的资源进入。如果从国家与农民关系以及乡村治理体系变革的历史长时段来看待金龙坪村案例，便会发现，精准扶贫不仅给贫困乡村带来了直接可见的巨大变化，补齐了全面建成小康社会的突出短板，更为重要的是其表征着乡村振兴新征程的开启，在这一阶段国家力量积极地介入基层权力运转领域，重塑基层政治生态和治理体系，为未来30年乡村振兴战略的全面落实探索了方法、积累了经验。

基于此，我们甚至可以说，社区治理也是生产力。金龙坪村案例的知识价值在于其映照出新时期农村发展体制的内在逻辑。即如果我们承认税费改革以来政策下乡、资本下乡、金融下乡等政策和要素力量构成了推动乡村社区发展的支撑性力量，那么我们同时也看到良好的"村治"状态是保证一个村能够抓住发展机遇、将良好发展环境转化为实实在在发展成果的关键。对于贫困社区而言，"村治"层面的改善甚至可以称得上是发展的"先手棋"，也是社区内生动力的核心要素之一。

第二节　乡村振兴与下一个 30 年

　1991 年，80 岁高龄的费孝通先生为考察西南多民族山区经济发展问题，先后深入凉山地区和武陵山区开展调研。费老一生志在富民，尤其关注农村研究和民族研究，费老指出理解西南地区的贫困问题需要将农村研究和民族研究的视野交融起来。[①] 借鉴费老提出的这一知识取径便不难发现，中国的农村减贫问题不仅集合了农业农村改革发展的一般议题，而且呈现贫困问题自身的独特性。回顾改革开放以来中国减贫事业发展的历程，扶贫工作始终是中国农业农村工作中一个独特而重要的领域，解决农村贫困问题必然首先要有效应对农业农村改革发展的一般性矛盾与问题。就此而言，脱贫攻坚则不啻为以"攻坚体制"的治理模式推动农业农村工作全面深化改革的过程。

显而易见，以精准扶贫攻坚战为抓手，中国农业农村工作开启新征程，各地在推动脱贫攻坚工作过程中启动了大量农业农村工作的配套改革为脱贫攻坚目标的实现保驾护航，同一过程中，自税费改革以来长期困扰农业农村改革发展和乡村治理的诸多难点问题在脱贫攻坚过程中得到了较为有效的应对与解决。例如，众所周知，税费改革以来，执政党将做好农业农

---

① 费孝通：《行行重行行——中国城乡及区域发展调查》，群言出版社，2014。

村工作视为治国理政的重中之重，以"少取、多予、放活"的理念重整城乡工农关系。实践层面，国家持续加大对"三农"领域的投入，通过政府投入带动社会力量参与，借助政策下乡、资本下乡推动农业现代化、农村社会事业发展和乡村治理体系转型。然而，不得不承认，在实践层面依然存在着诸多难题。从政策下乡的角度来看，近年来诸多研究关注到惠农政策在基层执行过程中面临着精英俘获[①]、执行偏差[②]等问题，这不仅弱化了各项政策所负载的国家惠农意志，同时也导致了乡村政治秩序的异化，引起了党群干群关系的疏离。而精准扶贫的脱贫攻坚战为重塑地方政府政治生态和推动乡村治理带来了契机。[③]细言之，脱贫攻坚阶段，解决好精准扶贫的"四个问题"[④]，涉及加强村级党组织建设、规范村级权力运行、改善乡村治理体系、增进干群联系、促进社区参与等诸多议题。

---

① 邢成举、李小云：《精英俘获与财政扶贫项目目标偏离的研究》，《中国行政管理》2013 年第 9 期。

② 折晓叶、陈婴婴：《项目制的分级运作机制和治理逻辑——对"项目进村"案例的社会学分析》，《中国社会科学》2011 年第 4 期。

③ 荀丽丽：《从"资源传递"到"在地治理"——精准扶贫与乡村重建》，《文化纵横》2017 年第 6 期。

④ "四个问题"指的是"扶持谁""谁来扶""怎么扶""如何退"，涵盖了贫困识别、干部下乡、精准施策、参与发展和评估等内容。

在以国家治理的"攻坚体制"形态推动脱贫攻坚战的过程中，上述长期困扰农业农村发展的难题得到了较为有效的解决。不难发现，以解决绝对贫困问题为目标的脱贫攻坚战，同时也是国家治理的攻坚战，特别是农业农村改革、乡村基层治理的攻坚战。[①] 毋庸置疑，在乡村振兴过程中政策和要素下乡依然是推动乡村改革发展的基本力量，就此而言，从中国农业农村事业发展的历史长时段来看，脱贫攻坚战的意义则不仅仅局限于其在"补短板"方面所取得的成就，而是为下一个 30 年中国农村改革发展和乡村治理体系建设积累了有益经验。

---

① 脱贫攻坚阶段，大量困扰农业农村改革发展的难题，在"攻坚体制"的高度政治注意力下，在大量实践创新的基础上得以克服，例如通过探索新型产业扶贫模式，让贫困地区市场（产业）运转起来，让市场有益于穷人，重构了资本与农民关系；又如借助移风易俗、乡风文明建设等做法来解决脱贫攻坚中存在的"精神贫困"，为重整乡土秩序、重建道德体系提供了有益借鉴；类似的实践创新非常丰富，限于篇幅，不一一列举。

参考文献

陈锋：《分利秩序与基层治理内卷化——资源输入背景下的乡村治理逻辑》，《社会》2015 年第 3 期。

陈雷：《中国社区主导型发展扶贫项目成效、问题与对策》，《兰州学刊》2010 年第 4 期。

陈义媛：《资本下乡的社会困境与化解策略——资本对村庄社会资源的动员》，《中国农村经济》2019 年第 8 期。

费孝通：《行行重行行——中国城乡及区域发展调查》，群言出版社，2014。

韩长赋：《四十年农业农村改革发展的成就经验》，《人民日报》2019 年 1 月 17 日，第 10 版。

韩俊魁：《农民的组织化与贫困农村社区的可持续发展——以社区主导型发展试点项目为例》，《北京师范大学学报》（社会科学版）2008 年第 5 期。

贺雪峰：《小农立场》，中国政法大学出版社，2013。

胡富国主编《读懂中国脱贫攻坚》，外文出版社，

2019。

黄承伟、吕方编著《兰考：县域治理与脱贫攻坚》，研究出版社，2019。

黄承伟、覃志敏：《论精准扶贫与国家贫困治理体系的建构》，《中国延安干部学院学报》2015 年第 1 期。

黄宗智：《集权的简约治理——中国以准官员和纠纷解决为主的半正式基层行政》，《开放时代》2008 年第 2 期。

焦长权、周飞舟：《"资本下乡"与村庄的再造》，《中国社会科学》2016 年第 1 期。

李梦冰、李实：《精准扶贫重在精准识别贫困人口——农村低保政策的瞄准效果分析》，《中国社会科学》2017 年第 9 期。

卢青青：《资本下乡与乡村治理重构》，《华南农业大学学报》（社会科学版）2019 年第 5 期。

陆汉文：《社区主导型发展与合作型反贫困——世界银行在华 CDD 试点项目的调查与思考》，《江汉论坛》2008 年第 9 期。

陆文荣、卢汉龙：《部门下乡、资本下乡与农户再合作——基于村社自主性的视角》，《中国农村观察》2013 年第 2 期。

吕方、苏海、梅琳:《找回村落共同体:集体经济与乡村治理——来自豫鲁两省的经验观察》,《河南社会科学》2019 年第 6 期。

吕方、向德平:《"政策经营者":"支持型政权"与新乡土精英的崛起——基于"河村"案例的研究》,《社会建设》2015 年第 3 期。

吕方:《精准扶贫不是什么?——农村转型视域下的贫困治理》,《新视野》2017 年第 2 期。

吕方:《精准扶贫与国家减贫治理体系现代化》,《中国农业大学学报》(社会科学版)2017 年第 5 期。

吕方:《脱贫攻坚与乡村振兴衔接:知识逻辑与现实路径》,《南京农业大学学报》(社会科学版)2020 年第 4 期。

吕方:《治理情境分析:风险约束下的地方政府行为——基于武陵市扶贫办"申诉"个案的研究》,《社会学研究》2013 年第 2 期。

〔美〕詹姆斯·C.斯科特:《国家的视角:那些试图改善人类状况的项目是如何失败的》,王晓毅译,社会科学文献出版社,2011。

唐任伍:《习近平精准扶贫思想阐释》,《人民论坛》2015 年第 30 期。

仝志辉、温铁军:《资本和部门下乡与小农户经济的组织化道路——兼对专业合作社道路提出质疑》,《开放时代》2009年第4期。

涂圣伟:《工商资本下乡的适宜领域及其困境摆脱》,《改革》2014年第9期。

汪三贵、郭子豪:《论中国精准扶贫》,《贵州社会科学》2015年第5期。

王春光:《扶贫开发与村庄团结关系之研究》,《浙江社会科学》2014年第3期。

王春光:《社会治理视角下的农村开发扶贫问题研究》,《中共福建省委党校学报》2015年第3期。

王晓毅:《社会治理与精准扶贫》,《贵州民族大学学报》(哲学社会科学版)2017年第1期。

王晓毅:《乡村公共事务和乡村治理》,《江苏行政学院学报》2016年第5期。

王雨磊:《数字下乡:农村精准扶贫中的技术治理》,《社会学研究》2016年第6期。

邢成举、李小云:《精英俘获与财政扶贫项目目标偏离的研究》,《中国行政管理》2013年第9期。

熊跃根:《政策下乡与发展中的乡土躁动——对江西农村精准扶贫的田野观察》,《社会科学研究》2019年第2期。

熊跃根:《作为社会治理的社会政策实施:技术理性与政治实践的结合》,《江海学刊》2015 年第 4 期。

徐勇:《"政策下乡"及对乡土社会的政策整合》,《当代世界与社会主义》2008 年第 1 期。

徐宗阳:《资本下乡的社会基础——基于华北地区一个公司型农场的经验研究》,《社会学研究》2016 年第 5 期。

荀丽丽:《从"资源传递"到"在地治理"——精准扶贫与乡村重建》,《文化纵横》2017 年第 6 期。

严海蓉、陈义媛:《中国农业资本化的特征和方向:自下而上和自上而下的资本化动力》,《开放时代》2015 年第 5 期。

折晓叶、陈婴婴:《项目制的分级运作机制和治理逻辑——对"项目进村"案例的社会学分析》,《中国社会科学》2011 年第 4 期。

周雪光:《通往集体债务之路:政府组织、社会制度与乡村中国的公共品供给》,《公共行政评论》2012 年第 1 期。

C. M. Tiebout, "A Pure Theory of Local Expenditure," *The Journal of Political Economy* 64(1956).

Richard C. Crook, and A. S. Sverrisson, "To What Extent Can Decentralized Forms of Government Enhance the Development of Pro-Poor Policies and Improve Poverty-Alleviation Outcomes?" *Acoustical Society of America Journal* 81(1987).

Vivi Alatas, Abhijit Banerjee, Rema Hanna, Benjamin A. Olken, and Julia Tobias, "Targeting the Poor: Evidence from a Field Experiment in Indonesia," *American Economic Review* 102(2012).

Wallace E. Oates, "An Essay on Fiscal Federalism," *Journal of Economic Literature* 37(1999).

World Bank, *World Development Report 1999/2000: Entering the 21st Century* (New York: Oxford University Press, 1999).

World Bank, *World Development Report 2000/2001: Attacting Poverty, Published for The World Bank* (New York: Oxford University Press, 2000).

后　记

　　精准脱贫攻坚战是党的十九大提出的三大攻坚战之一，打赢脱贫攻坚战是全面建成小康社会的底线目标，也是开启新时代中国特色社会主义现代化强国建设进程中全面乡村振兴的"筑基工程"。站在"两个一百年"奋斗目标衔接的历史交汇期，习近平总书记亲自谋划、亲自部署、亲自推动、亲自督战，动员全党全社会广泛参与全面建成小康社会背景下的脱贫攻坚战。过去7年间，脱贫攻坚取得了重大决定性进展，预期必将按照既定时间节点圆满收官。精准扶贫攻坚战见证了中国共产党坚持以人民为中心的发展理念，充分发挥中国特色社会主义制度优越性，不断回应人民对美好生活期盼的坚定初心，同时也见证了在习近平新时代中国特色社会主义思想指引下，中国国家治理体系现代化水平和治理能力的快速提升。

　　受中国社会科学院委托，承担金龙坪村脱贫出列案例研究，对于我来说是一次非常难得的学习机会。课题组能够有幸深入脱贫攻坚的前沿阵地，感受脱贫攻坚给贫困乡村带来的多方面巨大变化，追问和思考精准扶贫的伟大实践给当代中国社会科学研究提出的新命题。为了完整呈现金龙坪村案例，我们四访宣恩，其间得到了宣恩县县长习覃、国务院扶贫办全国扶贫宣传教育中心宣传处处长尹建华、宣恩县扶贫办主任李新、万寨乡乡长张艳丽、金龙坪村党支部书记薛伟翕、金龙坪村驻村工作队队长梁斌、金龙坪村驻村工作队队员满延辉等的指点和帮助，调研中种种感动铭记于心，清晰如昨。同时，为了提升村级案例总结的质量，在研究设计、提纲形成、观点提炼、稿件修改等重要环节，课题组得到了国务院扶贫办中国扶贫发展中心黄承伟研究员的悉心指导。在前后三年的课题执行过程中，我的研究生龚群芳、冯静、杨铭宇、李雪、程枫、赵婕等，以及我指导的本科生任拓宇、梁甜静、郑家豪、王溪等参与了实地调研、资料收集和录音整理等工作，同时为书稿贡献了自己的观点和智慧。

搁笔之际，思绪万千，精准扶贫的伟大实践不仅在中华民族历史上第一次消除了绝对贫困现象，实现了发展中国家战胜贫困的创举，也开启了中国农业农村工作的新时代。小小的金龙坪村，映照出的是执政党不断完善乡村治理体系、提升治理能力、增进人民生活福祉的决心与智慧。我坚信，金龙坪村的明天会更好！

吕 方

2020 年 6 月 26 日

图书在版编目（CIP）数据

　　精准扶贫精准脱贫百村调研. 金龙坪村卷：社区治
理与脱贫攻坚 / 吕方著. -- 北京：社会科学文献出版
社, 2020.10
　　ISBN 978-7-5201-7506-7

　　Ⅰ. ①精…　Ⅱ. ①吕…　Ⅲ. ①农村-扶贫-调查报告
-宣恩县　Ⅳ. ①F323.8

　　中国版本图书馆CIP数据核字（2020）第208999号

·精准扶贫精准脱贫百村调研丛书·

精准扶贫精准脱贫百村调研·金龙坪村卷
　　——社区治理与脱贫攻坚

著　　者 / 吕　方

出 版 人 / 谢寿光
组稿编辑 / 邓泳红
责任编辑 / 宋　静
文稿编辑 / 柯　宓

出　　版 / 社会科学文献出版社·皮书出版分社（010）59367127
　　　　　　地址：北京市北三环中路甲29号院华龙大厦　邮编：100029
　　　　　　网址：www.ssap.com.cn

发　　行 / 市场营销中心（010）59367081　59367083
印　　装 / 三河市东方印刷有限公司

规　　格 / 开　本：787mm×1092mm 1/16
　　　　　　印　张：11　字　数：82千字
版　　次 / 2020年10月第1版　2020年10月第1次印刷
书　　号 / ISBN 978-7-5201-7506-7
定　　价 / 59.00元

本书如有印装质量问题，请与读者服务中心（010-59367028）联系